Carl Friedrich Gauss, Eugen Netto

Die vier Gauss'schen Beweise für die Zerlegung ganzer algebraischer Functionen

in reelle Factoren ersten oder zweiten Grades, 1799-1849

Carl Friedrich Gauss, Eugen Netto

Die vier Gauss'schen Beweise für die Zerlegung ganzer algebraischer Functionen
in reelle Factoren ersten oder zweiten Grades, 1799-1849

ISBN/EAN: 9783744619790

Hergestellt in Europa, USA, Kanada, Australien, Japan

Cover: Foto ©berggeist007 / pixelio.de

Weitere Bücher finden Sie auf **www.hansebooks.com**

Die
VIER GAUSS'SCHEN BEWEISE

für die

Zerlegung ganzer algebraischer Functionen

in

reelle Factoren ersten oder zweiten Grades.

(1799—1849.)

Herausgegeben

von

E. Netto.

LEIPZIG

VERLAG VON WILHELM ENGELMANN

1890.

Neuer Beweis des Satzes,

dass jede algebraische rationale ganze Function einer Veränderlichen in reelle Factoren des ersten oder zweiten Grades zerlegt werden kann

von

C. F. Gauss.

1.

Jede bestimmte algebraische Gleichung kann auf die Form
$$x^m + Ax^{m-1} + Bx^{m-2} + \ldots + M = 0$$
gebracht werden, wobei m eine ganze positive Zahl ist. Wenn wir die linke Seite dieser Gleichung mit X bezeichnen und annehmen, dass der Gleichung $X = 0$ durch mehrere von einander verschiedene Werthe von x genüge geleistet werde, etwa indem man $x = \alpha$, $x = \beta$, $x = \gamma$, ... setzt, dann wird die Function X durch das Product der Factoren $x - \alpha$, $x - \beta$, $x - \gamma$, ... theilbar sein. Wenn umgekehrt die Function X durch das Product mehrerer linearer Factoren $x - \alpha$, $x - \beta$, $x - \gamma$, ... theilbar ist, dann wird der Gleichung $X = 0$ genüge geleistet, indem man x einer jeden Grösse α, β, γ, .., gleich setzt. Wenn endlich X dem Producte aus m solchen linearen Factoren gleich ist, (mögen diese nun sämmtlich unter einander verschieden oder mögen einige derselben einander gleich sein), dann kann X ausser diesen Functionen keinen anderen linearen Factor besitzen. Deshalb kann eine Gleichung m ten Grades nicht mehr als m Wurzeln haben, zugleich aber wird es klar, dass eine Gleichung m ten Grades weniger Wurzeln haben kann, wenngleich X in m lineare Factoren zerlegbar ist: denn, wenn einige dieser Factoren einander gleich sind, dann ist die Anzahl der verschiedenen Arten, die Gleichung zu befriedigen, nothwendig

geringer als m. Dennoch haben es die Mathematiker aus formalen Gründen vorgezogen, zu sagen, dass auch in diesem Falle die Gleichung m Wurzeln habe, und dass nur einige derselben einander gleich werden: diese Ausdrucksweise durften sie sich überall gestatten.

2.

Das bisher Besprochene wird in den Lehrbüchern der Algebra auf ausreichende Art bewiesen; es verstösst auch nirgend gegen die mathematische Strenge. Doch scheint es, als ob die Analytiker etwas zu übereilt und ohne vorausgehenden gründlichen Beweis denjenigen Lehrsatz aufgenommen hätten, auf welchem sich fast die gesammte Lehre von den Gleichungen aufbaut, dass nämlich eine jede solche Function wie X stets in m lineare Factoren zerlegt werden könne, oder, was hiermit völlig übereinstimmt, dass jede Gleichung $m$ten Grades wirklich m Wurzeln besitze. Da man bereits bei den Gleichungen zweiten Grades sehr häufig auf solche Fälle stiess, welche diesem Satze widersprachen, so waren die Algebraiker gezwungen, um jene Fälle diesem Theorem unterordnen zu können, eine gewisse imaginäre Grösse zu ersinnen, deren Quadrat -1 ist; dann erkannten sie, dass, wenn Grössen von der Form $a + b\sqrt{-1}$ ebenso wie reelle zugelassen werden, der Lehrsatz nicht allein für Gleichungen zweiten Grades wahr sei, sondern auch für cubische und biquadratische. Es liess sich jedoch hieraus auf keine Weise folgern, dass durch die Zulassung von Grössen der Form $a + b\sqrt{-1}$ jeder Gleichung fünften oder höheren Grades genügt werden könne, oder, wie man sich meistens ausdrückt, (obgleich ich diesen bedenklichen Ausdruck nicht gutheissen kann), dass die Wurzeln jeder Gleichung auf die Form $a + b\sqrt{-1}$ gebracht werden können. Dieser Satz unterscheidet sich dem Wesen der Sache nach in nichts von dem in der Ueberschrift angegebenen: es bildet das Ziel der vorliegenden Abhandlung, einen neuen, strengen Beweis desselben zu geben.

Uebrigens wurden seit jener Zeit, in welcher die Analytiker erkannten, es gäbe unendlich viele Gleichungen, die überhaupt nur Wurzeln besitzen, wenn Grössen der Form $a + b\sqrt{-1}$ zugelassen werden, derartig erdachte Grössen als eine ganz besondere Grössenart, welche man zum Unterschied von den reellen Grössen imaginäre nannte, betrachtet und in die gesammte Analysis eingeführt. Mit welchem Rechte dies geschehen sei, will ich hier nicht erörtern. — Meinen Beweis werde ich ohne jede Benutzung imaginärer Grössen durchführen; obschon auch ich mir dieselbe Freiheit gestatten könnte, deren sich alle neueren Analytiker bedient haben.

3.

Wenngleich dasjenige, was in den meisten elementaren Schriften als Beweis unseres Lehrsatzes angeführt wird, so haltlos und so wenig streng erscheint, dass es kaum der Erwähnung werth ist, so will ich doch, um keine Lücke zu lassen, mit wenigen Worten darauf eingehen. »Um zu beweisen, dass jede Gleichung

$$x^m + Ax^{m-1} + Bx^{m-2} + \ldots + M = 0$$

oder $X = 0$ wirklich m Wurzeln besitze, unternimmt man es, zu zeigen, dass X in m lineare Factoren aufgelöst werden könne. Zu diesem Zwecke nimmt man m lineare Factoren $x - \alpha$, $x - \beta$, $x - \gamma$, ... an, wo α, β, γ, ... noch unbekannt sind, und setzt das Product derselben der Function X gleich. Dann leitet man aus der Vergleichung der Coefficienten m Gleichungen ab, aus denen man die Unbekannten α, β, γ, ... soll bestimmen können, da ja ihre Anzahl gleich m sei. Denn nach der Elimination von $m - 1$ Unbekannten entstehe eine Gleichung, welche eine beliebige Unbekannte allein enthalte.« Um von allem übrigen, bei solcher Schlussfolgerung Tadelnswerthen zu schweigen, frage ich nur, woher wir wissen können, dass die Schlussgleichung wirklich eine Wurzel habe? Ob es nicht eintreten könne, dass weder dieser Schlussgleichung noch der vorgelegten irgend eine Grösse im gesammten Bereiche der reellen und imaginären Grössen genüge? Uebrigens werden Sachkundige leicht erkennen, dass diese Schlussgleichung mit der vorgelegten nothwendigerweise vollkommen identisch sein wird, falls die Rechnung ordnungsgemäss durchgeführt ist; denn nach der Elimination der Unbekannten β, γ, ... muss die Gleichung

$$\alpha^m + A\alpha^{m-1} + B\alpha^{m-2} + \ldots + M = 0$$

zum Vorschein kommen. Noch mehr über diese Schlussweise zu sagen ist nicht nothwendig.

Einige Schriftsteller, welche wohl die Schwäche dieser Methode erkannt haben mögen, nehmen es gewissermaassen als Axiom an, dass jede Gleichung wirklich, wenn keine möglichen, so doch unmögliche Wurzeln besitze. Was sie unter möglichen oder unmöglichen Grössen verstanden wissen wollen, haben sie wohl nicht klar genug auseinandergesetzt. Soll der Ausdruck »mögliche Grössen« dasselbe bedeuten wie reelle, »unmögliche« dasselbe wie imaginäre, dann darf jener Satz als Axiom keinesfalls zugelassen werden, sondern er bedarf nothwendig eines Beweises. Doch scheinen die Ausdrücke nicht in jenem Sinne genommen zu sein; vielmehr möchte der Sinn des Axioms so gefasst werden müssen: »Obgleich wir noch nicht sicher sind, dass es nothwendig m reelle oder imaginäre Grössen giebt, welche irgend einer gegebenen Gleichung m ten Grades genügen, so wollen wir dies doch zunächst annehmen; denn sollte es sich treffen, dass nicht so viele reelle und imaginäre Grössen gefunden werden können, dann bleibt uns ja der Ausweg offen, zu sagen, die übrigen seien unmöglich.« Zieht man es vor, diesen Ausdruck zu gebrauchen, statt einfach zu sagen, die Gleichung habe in diesem Falle nicht so viele Wurzeln, so habe ich nichts dagegen; jedoch wenn man dann mit diesen unmöglichen Wurzeln so verfährt, als ob sie etwas Wirkliches seien, und beispielsweise sagt, die Summe aller Wurzeln der Gleichung $x^m + Ax^{m-1} + \ldots = 0$ sei $= -A$, obschon unmögliche unter ihnen sind, (das heisst eigentlich: wiewohl einige fehlen), so kann ich dies durchaus nicht billigen. Denn in solchem Sinne zugelassene unmögliche Wurzeln sind gleichwohl Wurzeln, und dann darf jener Lehrsatz ohne Beweis keinesfalls zugegeben werden; ferner dürfte man dabei wohl auch fragen, ob nicht Gleichungen bestehen können, welche nicht einmal unmögliche Wurzeln haben.*)

---

*) Unter einer imaginären Grösse verstehe ich hier immer eine in der Form $a + b\sqrt{-1}$ enthaltene Grösse, solange b nicht $= 0$ ist. In diesem Sinne ist jener Ausdruck von allen Mathematikern ersten Ranges stets angenommen worden; und, wie ich glaube, darf man denen nicht folgen, welche die Grösse $a + b\sqrt{-1}$ nur dann imaginär nennen wollten, wenn $a = 0$ ist, unmöglich jedoch, wenn a nicht gleich 0 ist; denn diese Unterscheidung ist weder nothwendig noch von irgend welchem Nutzen. Sollen imaginäre Grössen überhaupt in der Analysis beibehalten werden, (was aus mehreren Gründen, welche freilich hinlänglich sicher gestellt werden müssen, richtiger erscheint, als sie zu verwerfen), dann müssen sie nothwendiger Weise für ebenso möglich wie die reellen Grössen gelten; deshalb möchte ich reelle und imaginäre unter der gemeinsamen Bezeichnung von möglichen Grössen umfassen; unmöglich würde ich dagegen eine Grösse nennen, welche Bedingungen zu genügen hätte, denen auch nach Zulassung imaginärer Grössen nicht genügt werden kann; so also, dass dieser Ausdruck dasselbe bedeutet, als wenn man sagt, dass eine solche Grösse im ganzen Grössenbereiche nicht bestehe. Ich möchte

4.

Bevor ich die Beweise durchgehe, welche andere Mathematiker von unserem Lehrsatze geliefert haben, und angebe, was mir in den einzelnen nicht einwurfsfrei erscheint, bemerke ich, dass es genügt, wenn nur gezeigt wird, dass jeder Gleichung eines beliebigen Grades

$$x^m + Ax^{m-1} + Bx^{m-2} + \ldots + M = 0$$

oder $X = 0$, (wo wir die Coefficienten $A, B, \ldots M$ als reell annehmen), mindestens auf eine Art durch einen Werth des x von der Form $a + b\sqrt{-1}$ genügt werden kann. Es ist nämlich bekannt, dass X dann durch den reellen Factor zweiten Grades $x^2 - 2ax + a^2 + b^2$ theilbar ist, wenn b nicht $= 0$ wird, und durch den reellen linearen Factor $x - a$, wenn $b = 0$ wird. In beiden Fällen wird der Quotient reell und von geringerem Grade als X sein; und da derselbe aus gleichem Grunde einen reellen Factor ersten oder zweiten Grades haben muss, so wird offenbar durch die Fortsetzung dieses Verfahrens die Function X

---

aber nicht zulassen, dass man hieraus eine ganz besondere Grössenart bilde. Wenn Jemand sagt, ein geradliniges, gleichseitiges und rechtwinkliges Dreieck sei unmöglich, so wird dem Niemand widersprechen. Will man dagegen ein solches unmögliches Dreieck als eine neue Dreiecksart betrachten und andere Dreieckseigenschaften auf dieses anwenden, so wird Jeder dies lächerlich finden! Das heisst mit Worten spielen oder vielmehr Missbrauch treiben. — Und doch haben auch schon die bedeutendsten Mathematiker Wahrheiten, welche die Möglichkeit der Grössen, auf die sie sich beziehen, voraussetzen, auch auf solche angewendet, deren Möglichkeit noch zweifelhaft war. Wenn ich es auch nicht leugne, dass derartige Freiheiten häufig nur die Form allein und gewissermaassen die Einkleidung der Schlussfolgerungen betreffen, welche der Scharfblick eines wahren Mathematikers schnell durchschaut, so ist es doch richtiger und der Erhabenheit der Wissenschaft würdiger, welche mit Recht als das vollkommenste Beispiel von Klarheit und Sicherheit gerühmt wird, dass man solche Freiheiten entweder gänzlich verbannt, oder sie wenigstens sparsamer und nie anders benutzt, als da, wo auch minder Geübte erkennen können, dass die Sache, vielleicht zwar weniger kurz aber doch eben so streng, auch ohne jenes Hülfsmittel behandelt werden könne. — Uebrigens will ich nicht in Abrede stellen, dass das, was ich hier gegen den Missbrauch unmöglicher Grössen gesagt habe, in gewissem Sinne auch imaginären Grössen entgegengehalten werden kann. Doch behalte ich mir die Rechtfertigung dieser Einführung sowie eine eingehende Auseinandersetzung dieser ganzen Sache für eine andere Gelegenheit vor.

schliesslich in reelle Factoren ersten oder zweiten Grades zerlegt werden, oder, wenn man statt der einzelnen reellen Factoren zweiten Grades lieber je zwei lineare imaginäre verwenden will, in m lineare Factoren.

5.

Den ersten Beweis des Satzes verdankt man dem berühmten Geometer *d'Alembert*: Recherches sur le calcul intégral, Histoire de l'Acad. de Berlin, Année 1746. S. 182 ff. Derselbe findet sich bei *Bougainville*, Traité du calcul intégral, à Paris 1754. S. 47ff. Die hauptsächlichen Punkte seiner Methode sind die folgenden.

Zunächst wird gezeigt: Wenn irgend eine Function X der Veränderlichen x für $x = 0$ oder für $x = \infty$ verschwindet und für einen reellen Werth von x einen unendlich kleinen, reellen, positiven Werth annehmen kann, so wird sie für einen reellen oder unter der Form $p + q\sqrt{-1}$ enthaltenen imaginären Werth von x auch einen unendlich kleinen, reellen, negativen Werth annehmen können. Denn wenn Ω den unendlich kleinen Werth von X und ω den entsprechenden Werth von x bedeutet, so soll sich ω, wie behauptet wird, durch eine stark convergente Reihe $a\Omega^\alpha + b\Omega^\beta + c\Omega^\gamma + \ldots$ ausdrücken lassen, in welcher die Exponenten $\alpha, \beta, \gamma, \ldots$ rationale, beständig wachsende Grössen seien, welche folglich wenigstens in gewisser Entfernung vom Anfange positiv werden und alle Glieder, in denen sie vorkommen, unendlich klein machen. Gäbe es unter all' diesen Exponenten keinen, welcher als Bruch mit geradem Nenner auftritt, dann würden alle Glieder dieser Reihe sowohl für einen positiven wie für einen negativen Werth von Ω reell werden; kämen jedoch unter jenen Exponenten Brüche mit geradem Nenner vor, so sei es klar, dass für einen negativen Werth von Ω die entsprechenden Glieder in der Form $p + q\sqrt{-1}$ auftreten. Wegen der Convergenz der unendlichen Reihe genüge es aber im ersten Falle das erste, d. h. grösste Glied allein beizubehalten, im zweiten Falle brauche man nicht über dasjenige Glied hinauszugehen, welches zuerst einen imaginären Theil liefert.

Mittels ähnlicher Schlüsse könne man zeigen, dass, wenn X durch einen reellen Werth von x einen unendlich kleinen negativen Werth annehmen kann, jene Function dann auch einen unendlich kleinen positiven Werth annehmen könne, indem man dem x entweder einen reellen oder einen imaginären Werth der Form $p + q\sqrt{-1}$ gebe.

Hieraus wird weiter geschlossen, dass es im ersten Falle einen negativen, im zweiten einen positiven endlichen Werth gebe, den X für einen in der Form $p + q \sqrt{-1}$ enthaltenen imaginären Werth von x annimmt.

Wenn folglich X eine derartige Function von x ist, dass sie für den reellen Werth v von x den reellen Werth V annimmt, und ausserdem für einen reellen Werth von x auch einen reellen Werth, der nur unendlich wenig grösser oder kleiner als V ist, so könne dieselbe auch einen um eine unendlich kleine und dann auch um eine endliche Grösse geringeren bez. grösseren Werth als V annehmen für einen gewissen unter der Form $p + q \sqrt{-1}$ stehenden Werth von x. Dies folgt sofort aus dem Vorangehenden, wenn man für X einsetzt $V + Y$ und ebenso für x, $v + y$.

Endlich behauptet *d'Alembert* das Folgende: Wenn X irgend ein Intervall zwischen zwei reellen Grössen R, S vollständig durchlaufen kann, (d. h. wenn X die Werthe R, S sowie alle reellen zwischen ihnen liegenden Werthe annehmen kann), indem man dem x stets Werthe von der Form $p + q \sqrt{-1}$ giebt, dann könne die Function X noch um jede reelle endliche Grösse vermehrt oder vermindert werden, (je nachdem $S > R$ oder $S < R$ ist), während x stets die Form $p + q \sqrt{-1}$ behält. Gäbe es nämlich eine reelle Grösse U (derart, dass S zwischen U und R liegt), welcher X für einen solchen Werth x nicht gleich werden kann, so müsste es nothendigerweise ein Maximum von X geben (nämlich dann, wenn $S > R$; ein Minimum, dagegen, wenn $S < R$ ist), etwa T, welches durch einen Werth $p + q \sqrt{-1}$ von x noch erreichbar ist; dann aber könne dem x kein Werth von ähnlicher Form beigelegt werden, welcher die Function X um das Mindeste noch näher an U heranführt. Wenn man nun in der Gleichung zwischen X und x für x überall $p + q \sqrt{-1}$ einträgt und darauf sowohl den reellen Theil als denjenigen, welcher den Factor $\sqrt{-1}$ besitzt, nach Weglassung dieses letzteren gleich Null setzt, so könne man aus den beiden entstehenden Gleichungen, (in denen p, q und X nebst Constanten auftreten), durch Elimination zwei andere herleiten, in deren einer sich p, X und Constanten finden, während die andere von p frei ist und nur q, X und Constanten enthält. Da aber X für reelle Werthe von p, q alle Werthe von R bis S durchläuft, so müsse nach dem Vorhergehenden X dem Werth U noch genähert werden können, wenn man den p, q Werthe $\alpha + \gamma \sqrt{-1}$,

$\beta + \delta \sqrt{-1}$ ertheilt. Dies gäbe $x = \alpha - \delta + (\gamma + \beta) \sqrt{-1}$, d. h. wiederum einen Werth von der Form $p + q \sqrt{-1}$ gegen die Voraussetzung.

Wird jetzt X als eine Function der Form $x^m + A x^{m-1} + B x^{m-2} + \ldots + M$ vorausgesetzt, so sieht man leicht ein, dass dem x solche reellen Werthe ertheilt werden können, vermöge deren X irgend ein vollständiges Intervall zwischen zwei reellen Werthen durchläuft. Deshalb kann x auch einen solchen Werth der Form $p + q \sqrt{-1}$ annehmen, welcher $X = 0$ macht. W. z. b. w.*)

6.

Die gegen den *d'Alembert'*schen Beweis etwa möglichen Einwände dürften auf das Folgende hinauslaufen.

1. *d'Alembert* hegt keinen Zweifel an der Existenz der Werthe von x, denen gegebene Werthe von X entsprechen; er setzt dieselbe voraus, und sucht nur die Form jener Werthe auf.

So schwerwiegend an sich dieser Vorwurf auch ist, hier bezieht er sich nur auf die Ausdrucksweise, und diese kann leicht so verbessert werden, dass er gänzlich hinfällig wird.

2. Die Behauptung, dass Ω stets durch eine derartige Reihe ausgedrückt werden könne, wie angenommen wird, ist sicher falsch, wenn X auch irgend welche transcendente Function bedeuten darf, (was *d'Alembert* mehrfach betont). Dies ist z. B. bei $X = e^{\frac{1}{x}}$ oder bei $x = \dfrac{1}{\log X}$ klar. Wenn wir aber den Beweis auf den Fall beschränken, in welchem X eine algebraische Function von x ist, was für unseren Zweck ausreicht, dann ist

---

*) Es mag bemerkt werden, dass *d'Alembert* in seiner Darlegung dieses Beweises geometrische Betrachtungen anwendet, indem er X als Abscisse, x als Ordinate einer Curve ansieht, (was ganz der Sitte aller Mathematiker aus der ersten Hälfte dieses Jahrhunderts gemäss ist, denen die Bezeichnung der Functionen weniger geläufig war). Da sich aber alle jene Schlüsse im Wesentlichen nicht auf geometrische, sondern auf rein analytische Grundsätze stützen, und möglicherweise die etwas gewagten Ausdrücke »imaginäre Curve«, »imaginäre Ordinaten« den heutigen Leser befremden können, so zog ich hier eine rein analytische Form der Darstellung vor. Ich füge diese Anmerkung bei, damit Niemand bei der Vergleichung des *d'Alembert'*schen Beweises mit dieser gedrängten Auseinandersetzung auf den Verdacht gerathen möchte, es sei etwas Wesentliches verändert worden.

die Behauptung völlig richtig. — Uebrigens führt *d'Alembert* nichts zur Bekräftigung seiner Annahme an; *Bougainville* setzt voraus, X sei eine algebraische Function von x, und empfiehlt zur Aufstellung der Reihe das *Newton*'sche Parallelogramm.

3.. Die unendlich kleinen Grössen werden in freierer Weise benutzt, als es mit der mathematischen Strenge verträglich ist, oder als es wohl zu unserer Zeit, (wo jene Grössen mit Recht misstrauisch angesehen werden), ein vorsichtiger Analytiker erlauben würde; ebenso ist der Sprung von einem unendlich kleinen zu einem endlichen Werthe von Ω nicht klar genug auseinandergelegt. Die Behauptung, dass Ω auch irgend welchen endlichen Werth erhalten könne. darf wohl nicht aus der Möglichkeit eines unendlich kleinen Werthes von Ω erschlossen werden; dieselbe folgt vielmehr daraus, dass bei einer hinreichend kleinen Grösse Ω wegen der starken Convergenz der Reihe die Annäherung an den wahren Werth von ω mit der Anzahl der beibehaltenen Glieder wächst; oder dass der Gleichung, welche die Beziehung zwischen ω und Ω bezw. x und X liefert, um so schärfer genügt werde, je mehr Glieder man, um ω zu erhalten, vereinigt. Diese ganze Schlussweise erscheint aber zu unbestimmt, als dass irgend eine strenge Folgerung aus ihr gezogen werden könnte; ausserdem bemerke ich noch, dass es wirklich Reihen giebt, welche stets divergiren, wie klein auch der Werth der Grösse sei, nach deren Potenzen die Entwickelung stattfindet, derart, dass man bei hinlänglich weitem Fortschreiten zu Gliedern gelangt, die grösser sind als jede beliebige gegebene Grösse.*) Dies tritt ein, wenn die Coefficienten der Reihe eine hypergeometrische Reihe bilden. Deshalb hätte nothwendigerweise gezeigt werden müssen, dass im vorliegenden Falle eine solche hypergeometrische Reihe nicht auftreten kann.

---

*) Beiläufig will ich bei dieser Gelegenheit bemerken, dass zu diesen Reihen überaus viele gehören, welche beim ersten Anblick stark convergent zu sein scheinen, z. B. der grösste Theil derjenigen, welche *Euler* im zweiten Theile seiner Inst. Calc. Diff. Cap. VI. dazu benutzt, die Summe anderer Reihen so genau als möglich anzugeben; S. 441—474 (die übrigen Reihen S. 475—478 können wirklich convergiren.) Es ist dies, soviel ich weiss, bisher von Niemandem bemerkt worden. Deshalb ist es überaus wünschenswerth, klar und streng zu zeigen, warum derartige Reihen, die zuerst sehr stark, dann immer schwächer und schwächer convergiren, und endlich mehr und mehr divergiren, trotzdem die Summe nahezu genau liefern, falls nur nicht zu viele Glieder genommen werden; und in wie weit eine solche Summe mit Sicherheit für richtig angenommen werden darf.

Uebrigens glaube ich, dass *d'Alembert* hier nicht mit Recht zu unendlichen Reihen seine Zuflucht genommen hat, da dieselben wenig geeignet erscheinen, diesen fundamentalen Lehrsatz der Theorie der Gleichungen zu begründen.

4. Aus der Annahme, X könne den Werth S aber nicht den Werth U erhalten, folgt noch nicht, dass zwischen S und U ein Werth T liegen müsse, den X erreichen aber nicht überschreiten kann. Hier ist ein Fall übersehen: es wäre nämlich noch möglich, dass zwischen S und U eine Grenze gelegen ist, welcher sich X beliebig nähern kann, ohne sie jedoch je zu erreichen. Aus den von *d'Alembert* angeführten Gründen folgt nur, dass X jeden Werth, welchen es erreicht, noch um eine endliche Grösse überschreiten kann. Wenn es also etwa $= S$ wird, so kann es noch um eine endliche Grösse $\varOmega$ vermehrt werden; dann kann ein neuer Zuwachs $\varOmega'$ hinzutreten, dann eine weitere Vermehrung $\varOmega''$ u. s. w. Es giebt aber keinen letzten Zuwachs, so viele auch immer schon hinzugefügt sind, sondern es kann stets noch ein neuer hinzutreten. Allein obwohl die Anzahl der möglichen Vermehrungen unendlich ist, so kann es doch wirklich vorkommen, dass bei beständiger Abnahme von $\varOmega, \varOmega', \varOmega''$ u. s. w. die Summe $S + \varOmega + \varOmega' + \varOmega'' + \ldots$ eine gewisse Grenze niemals erreicht, so viele Glieder auch genommen werden.

Dieser Fall kann zwar nicht eintreten, wenn X eine ganze algebraische Function von x bedeutet, doch muss jene Methode ohne den Beweis, dass dies nicht geschehen könne, für unvollständig erklärt werden. Ist aber X eine transcendente oder auch nur eine gebrochene algebraische Function, dann kann jener Fall allerdings eintreten, z. B. stets, wenn irgend einem Werthe von X ein unendlich grosser Werth von x entspricht. Dann wird wohl die *d'Alembert*'sche Methode nicht ohne grosse Umwege und in gewissen Fällen vielleicht überhaupt nicht auf unzweifelhafte Grundlagen gestützt werden können.

Aus diesen Gründen vermag ich den *d'Alembert*'schen Beweis nicht für ausreichend zu halten. Allein das verhindert nicht, dass mir der wahre Nerv des Beweises trotz aller Einwürfe unberührt zu sein scheint; ich glaube nicht nur, dass man auf dieselben Grundlagen (freilich in ganz verschiedener Weise oder doch wenigstens mit grösserer Umsicht) einen strengen Beweis unseres Satzes aufbauen, sondern auch, dass man von ihnen aus Alles ableiten kann, was sich für die Theorie der transcendenten Gleichungen nur wünschen lässt. Diesen wichtigen Punkt werde ich bei anderer Gelegenheit ausführlich behandeln. Vgl. inzwischen weiter unt. §24.

7.

Nach *d'Alembert* veröffentlichte *Euler* seine Untersuchungen über denselben Gegenstand: Recherches sur les racines imaginaires des équations, Hist. de l'Acad. de Berlin A. 1749, S. 223 ff. Er giebt hier zwei Methoden; das Wesentliche der ersten besteht in Folgendem.

Zunächst versucht *Euler* zu beweisen, dass, wenn m eine Potenz von 2 bedeutet, die Function $x^{2m} + Bx^{2m-2} + Cx^{2m-3} + \ldots + M = X$, in welcher der Coefficient des zweiten Gliedes $= 0$ ist, stets in zwei reelle Factoren zerlegt werden könne, in denen x bis zum m ten Grade aufsteigt. Zu diesem Zwecke nimmt er zwei Factoren an

$$x^m - ux^{m-1} + \alpha x^{m-2} + \beta x^{m-3} + \ldots$$
und $$x^m + ux^{m-1} + \lambda x^{m-2} + \mu x^{m-3} + \ldots,$$

in denen die Coefficienten $u, \alpha, \beta, \ldots \lambda, \mu, \ldots$ noch unbekannt sind, und setzt ihr Product der Function X gleich. Die Vergleichung der Coefficienten liefert $2m - 1$ Gleichungen, und es ist offenbar nur der Beweis zu liefern, dass den Unbekannten $u, \alpha, \beta, \ldots \lambda, \mu, \ldots$, deren Anzahl auch $2m - 1$ ist, solche reellen Werthe beigelegt werden können, dass jene Gleichungen befriedigt werden. Nun wird zuerst u als bekannt angesehen, so dass die Anzahl der Unbekannten um eine Einheit geringer ist, als die Anzahl der Gleichungen. Verbindet man diese in passender Weise nach den bekannten algebraischen Methoden miteinander, so kann man, wie *Euler* behauptet, alle $\alpha, \beta, \ldots \lambda, \mu, \ldots$ rational und ohne Wurzelausziehung durch u und die Coefficienten $B, C, \ldots$ ausdrücken; somit erhält man reelle Werthe, falls u reell wird. Andererseits jedoch können alle $\alpha, \beta, \ldots \lambda, \mu, \ldots$ eliminirt werden, so dass eine Gleichung $U = 0$ entsteht, wo U eine ganze Function allein von u und den bekannten Coefficienten wird. Diese Gleichung nach der gewöhnlichen Eliminations-Methode wirklich aufzustellen, würde ungeheure Arbeit kosten, wenn die vorgelegte Gleichung $X = 0$ von einigermaassen hohem Grade ist; für unbestimmten Grad möchte es, nach *Euler*'s eigenem Urtheile, S. 239, ganz unmöglich sein. Aber hier genügt es, eine Eigenschaft jener Gleichung zu kennen, dass nämlich das letzte Glied in U, welches die Unbekannte u nicht enthält, negativ sein muss. Hieraus lässt sich bekanntlich folgern, dass die Gleichung mindestens eine reelle Wurzel besitzt, oder dass u und weiterhin also auch $\alpha, \beta, \ldots \lambda, \mu, \ldots$ wenigstens auf

eine Art reell bestimmt werden können. Jene Eigenschaft nun lässt sich durch die folgenden Ueberlegungen darthun. Wenn $x^m - ux^{m-1} + \alpha x^{m-2} + \ldots$ als Factor der Function X vorausgesetzt wird, so muss u die Summe von m Wurzeln der Gleichung $X = 0$ werden; so oft man also aus $2m$ Wurzeln m herausgreifen kann, so viele Werthe muss u haben, d. h. nach den Grundregeln der Combinationsrechnung
$$\frac{2m(2m-1)(2m-2)\ldots(m+1)}{1.2.3\ldots m}$$
Ich übergehe den leichten Beweis dafür, dass diese Zahl stets ungeradmal gerade wird; wird sie also $= 2k$ gesetzt, so ist die Hälfte k ungerade. Die Gleichung $U = 0$ erhält den Grad $2k$. Da aber in der Gleichung $X = 0$ das zweite Glied fehlt, so ist die Summe aller $2m$ Wurzeln gleich 0; folglich muss, wenn die Summe von m derselben gleich $+p$ wird, die Summe der übrigen $-p$ sein, d. h. wenn $+p$ zu den Werthen von u gehört, dann gehört auch $-p$ zu denselben. Hieraus schliesst *Euler*, U sei das Product aus k quadratischen Factoren der Form $u^2 - p^2, u^2 - q^2, u^2 - r^2, \ldots$, wobei $+p, -p, +q, -q, \ldots$ sämmtliche $2k$ Wurzeln der Gleichung $U = 0$ geben. Es muss folglich, weil die Anzahl dieser Factoren ungerade ist, das letzte Glied von U gleich dem mit negativen Zeichen versehenen Quadrate des Products $pqr\ldots$ sein. Dieses Product $pqr\ldots$ lässt sich stets aus den Coefficienten $B, C, \ldots$ rational bestimmen; es wird folglich eine reelle Grösse, und das mit negativem Zeichen behaftete Quadrat desselben daher sicherlich eine negative Grösse werden. W. z. b. w.

Da diese beiden reellen Factoren von X den Grad m haben, und m eine Potenz von 2 ist, so kann jeder von ihnen aus gleichen Gründen wieder in zwei reelle Factoren des Grades $\frac{1}{2}m$ zerfällt werden, und da man durch wiederholte Halbierung der Zahl m endlich auf die Zahl 2 kommt, so kann man offenbar durch die Fortsetzung dieser Operation endlich X in reelle Factoren zweiten Grades zerlegen.

Liegt jedoch eine Function vor, in welcher das zweite Glied nicht fehlt, etwa $x^{2m} + Ax^{2m-1} + Bx^{2m-2} + \ldots + M$, wo auch jetzt $2m$ eine Potenz von 2 bedeutet, so geht diese durch die Substitution $x = y - \frac{A}{2m}$ in eine ähnliche Function ohne zweites Glied über. Hieraus lässt sich leicht schliessen, dass auch jene Function in reelle Factoren zweiten Grades zerlegbar sei.

Ist endlich eine Function n ten Grades vorgelegt, wo n keine Potenz von 2 bedeutet, dann sei die nächst höhere Potenz von 2 gleich $2m$; die vorgelegte Function werde dann mit $2m-n$ beliebigen reellen Factoren ersten Grades multiplicirt. Aus der Zerlegbarkeit dieses Products in reelle Factoren zweiten Grades schliesst man leicht, dass auch die vorgelegte Function in reelle Factoren zweiten oder ersten Grades zerlegbar sein müsse.

8.

Gegen diesen Beweis lässt sich einwenden:

1. Die Regel, gemäss welcher *Euler* schliesst, aus $2m-1$ Gleichungen mit $2m-2$ Unbekannten $\alpha, \beta, \ldots \lambda, \mu, \ldots$ liessen sich alle rational bestimmen, ist durchaus nicht allgemein, sondern sie lässt sehr häufig Ausnahmen zu. Wenn man z. B. in § 3 irgend eine der Unbekannten als bekannt ansieht, und die übrigen durch diese und durch die gegebenen Coefficienten rational auszudrücken versucht, so wird man leicht finden, das sei unmöglich; keine der Unbekannten könne anders als durch eine Gleichung $(m-1)$ ten Grades bestimmt werden. In diesem Falle lässt sich freilich von vorn herein erkennen, dass es nothwendig so kommen musste; doch könnte man mit Recht fragen, ob es sich nicht für einige Werthe von m im vorliegenden Falle ebenso verhalte, so dass die Unbekannten $\alpha, \beta, \ldots \lambda, \mu, \ldots$ aus u, $B, C, \ldots$ nur durch Gleichungen von vielleicht höherem als dem $2m$ ten Grade bestimmt werden können. Für den Fall dass $X=0$ vom vierten Grade ist, giebt *Euler* die rationalen Werthe der Coefficienten durch u und die gegebenen Coefficienten an; dass dies aber auch bei allen höheren Gleichungen möglich sei, bedurfte unbedingt einer eingehenden Darlegung. — Uebrigens scheint es der Mühe werth zu sein, jene Formeln, welche $\alpha, \beta, \ldots$ rational durch $u, B, C, \ldots$ ausdrücken, tiefer und ganz allgemein zu untersuchen. Hierüber und über weitere zur Theorie der Elimination gehörige Gegenstände, einen nicht im mindesten erschöpften Gegenstand, gedenke ich mich bei einer anderen Gelegenheit ausführlicher zu verbreiten.

2. Selbst wenn aber bewiesen wäre, dass für jeden Grad der Gleichung $X=0$ Formeln gefunden werden können, welche $\alpha, \beta, \ldots \lambda, \mu, \ldots$ rational durch $u, B, C, \ldots$ ausdrücken, so steht es doch fest, dass für gewisse bestimmte Werthe der Coefficienten $B, C, \ldots$ jene Formeln **unbestimmt** werden können; dann ist es nicht allein unmöglich, jene Unbekannten rational

durch $u, B, C, \ldots$ darzustellen, sondern es giebt in Wahrheit auch Fälle, in denen einem reellen Werthe von u keine reellen Werthe von $\alpha, \beta, \ldots \lambda, \mu, \ldots$ entsprechen. Zur Bestätigung dieser Behauptung verweise ich der Kürze halber den Leser auf die *Euler*'sche Abhandlung selbst, in welcher S. 236 die Gleichung vierten Grades ausführlicher behandelt ist. Hier sieht Jeder sofort, dass die Formeln für die Coefficienten $\alpha, \beta, \ldots$ unbestimmt werden, wenn $C = 0$ ist, und für u der Werth 0 genommen wird; ferner dass die Werthe derselben nicht allein ohne Wurzelausziehung nicht angegeben werden können, sondern dass sie, falls $B^2 - 4D$ negativ ist, nicht einmal reell sind. Freilich hat in diesem Falle u noch andere reelle Werthe, denen reelle Werthe von α, β entsprechen, wie man leicht erkennt: doch könnte man fürchten, dass diese Beseitigung der Schwierigkeit, (welche *Euler* überhaupt nicht berührt), bei höheren Gleichungen viel grössere Mühe kostet. Jedenfalls darf diese Frage bei einem genauen Beweise durchaus nicht mit Stillschweigen übergangen werden.

3. *Euler* setzt stillschweigend voraus, die Gleichung $X = 0$ besitze $2m$ Wurzeln, und er setzt die Summe derselben $= 0$, weil das zweite Glied in X fehlt. Wie ich eine solche Freiheit beurtheile, deren sich alle algebraischen Schriftsteller bedienen, habe ich schon oben § 3 auseinandergesetzt. Die Annahme, dass die Summe aller Wurzeln einer Gleichung dem ersten Coefficienten mit geändertem Zeichen gleich sei, lässt sich nur auf Gleichungen anwenden, welche Wurzeln haben; da nun aber durch diesen Beweis selbst unumstösslich dargethan werden soll, dass die Gleichung $X = 0$ wirklich Wurzeln habe, so scheint es nicht erlaubt, die Existenz derselben vorauszusetzen. Ohne Zweifel werden diejenigen, welche das Trügerische der Schlussweise noch nicht durchschaut haben, die Antwort geben: hier solle nicht bewiesen werden, dass der Gleichung $X = 0$ genügt werden könne, (denn der Ausdruck, sie habe Wurzeln, will nichts anderes sagen), sondern nur, dass ihr durch Werthe von x, die in der Form $a + b\sqrt{-1}$ auftreten, genügt werden könne; jenes werde als Grundsatz vorausgesetzt. Da man sich aber ausser reellen und imaginären Grössen $a + b\sqrt{-1}$ keine anderen Grössen-Formen vorstellen kann, so ist es nicht ganz klar, worin sich das, was bewiesen werden soll, von dem unterscheidet, was als Grundsatz angenommen wird; ja sogar, wenn es möglich wäre, noch andere Grössen-Formen auszudenken, etwa die Formen $F, F', F'', \ldots$

so dürfte doch nicht ohne Beweis zugestanden werden, dass jener Gleichung entweder durch einen reellen Werth von x genügt werden könne, oder durch einen von der Form $a + b\sqrt{-1}$, oder von der Form F, oder F' u. s. w. Deswegen kann jener Grundsatz nur folgenden Sinn haben: Jede Gleichung kann befriedigt werden **entweder** durch einen reellen Werth der Unbekannten, **oder** durch einen imaginären der Form $a + b\sqrt{-1}$, **oder** vielleicht durch einen Werth von anderer noch unbekannter Form, **oder** durch einen Werth, der überhaupt unter keiner Form enthalten ist. Wie aber solche Grössen, über die wir uns nicht einmal eine Vorstellung bilden können — wahre Schatten von Schatten — summirt oder multiplicirt werden sollen, das lässt sich bei der in der Mathematik stets geforderten Klarheit sicher nicht verstehen*).

Uebrigens will ich die Richtigkeit der Schlüsse, welche *Euler* aus seiner Annahme zieht, durch diese Einwürfe nicht im mindesten verdächtigen; es steht für mich vielmehr fest, dass durch eine weder schwierige, noch von der *Euler*'schen sehr verschiedene Methode dieselben so bewiesen werden können, dass Niemandem auch nur der geringste Zweifel bleiben kann. Ich tadle nur die **Form**, welche zwar bei der **Auffindung** neuer Wahrheiten von grossem Nutzen sein kann, aber bei der Veröffentlichung von **Beweisen** nicht gestattet werden darf.

4. *Euler* führt überhaupt nichts zur Begründung der Behauptung an, dass das Product $pqr\ldots$ durch die Coefficienten in X **rational** bestimmt werden könne. Alles, was er hierüber bei Gleichungen **vierten Grades** auseinandersetzt, ist Folgendes: (hier sind $\mathfrak{a}, \mathfrak{b}, \mathfrak{c}, \mathfrak{d}$ die Wurzeln der vorgelegten Gleichung $x^4 + Bx^2 + Cx + D = 0$)

»Man wird mir ohne Zweifel einwerfen, ich hätte hier vorausgesetzt, dass die Grösse pqr reell und ihr Quadrat $p^2q^2r^2$ positiv wäre; dies war noch zweifelhaft, da die Wurzeln $\mathfrak{a}, \mathfrak{b}, \mathfrak{c}, \mathfrak{d}$

---

*) Diese ganze Sache wird durch eine andere Untersuchung, welche demnächst veröffentlicht werden wird, ins rechte Licht gesetzt; ich hätte dort bei einem weit verschiedenen, aber doch analogen Gegenstande mir durchaus mit demselben Rechte eine ähnliche Freiheit nehmen können, wie es hier bei den Gleichungen alle Analytiker gethan haben. Obwohl ich aber mit Hülfe solcher Annahmen die Beweise mehrerer Sätze mit wenigen Worten hätte abthun können, welche ohne dieselben recht schwierig werden und die feinsten Hülfsmittel fordern, so zog ich es doch vor, jene Annahmen völlig bei Seite zu lassen; und ich hoffe, dass ich nur Wenige zufrieden gestellt hätte, wäre ich der Methode der Analytiker gefolgt.

imaginär waren, und es wohl eintreffen könnte, dass das Quadrat der aus ihnen zusammengesetzten Grösse pqr negativ wäre. Hierauf antworte ich, dass dies niemals eintritt; denn welche imaginäre Grössen die Wurzeln 𝔞, 𝔟, 𝔠, 𝔡 auch sein mögen, so weiss man doch, dass $𝔞 + 𝔟 + 𝔠 + 𝔡 = 0$; $𝔞𝔟 + 𝔞𝔠 + 𝔞𝔡 + 𝔟𝔠 + 𝔟𝔡 + 𝔠𝔡 = B$; $𝔞𝔟𝔠 + 𝔞𝔟𝔡 + 𝔞𝔠𝔡 + 𝔟𝔠𝔡 = -C^*$); $𝔞𝔟𝔠𝔡 = D$ sein wird, wo diese Grössen B, C, D reell sind. Da aber $p = 𝔞 + 𝔟$, $q = 𝔞 + 𝔠$, $r = 𝔞 + 𝔡$ ist, so wird ihr Product $pqr = (𝔞 + 𝔟)(𝔞 + 𝔠)(𝔞 + 𝔡)$, wie man weiss, durch die Grössen B, C, D darstellbar und wird folglich reell sein; dies haben wir auch wirklich bei $pqr = -C$ und $p^2q^2r^2 = C^2$ gesehen. Ebenso wird man leicht erkennen, dass bei höheren Gleichungen dasselbe stattfindet; von dieser Seite her könnte man mir also keine Einwendungen machen.« Die Bedingung, dass das Product pqr ... rational durch $B, C, \ldots$ bestimmt werden könne, fügt *Euler* nirgend hinzu, wiewohl er es stets stillschweigend anzunehmen scheint, da seine Folgerungen sonst keine Beweiskraft hätten. Nun ist es ja richtig, dass, wenn man bei den Gleichungen vierten Grades das Product $(𝔞 + 𝔟)(𝔞 + 𝔠)(𝔞 + 𝔡)$ entwickelt, $𝔞^2(𝔞 + 𝔟 + 𝔠 + 𝔡) + 𝔞𝔟𝔠 + 𝔞𝔟𝔡 + 𝔞𝔠𝔡 + 𝔟𝔠𝔡 = -C$ erhalten wird, doch ist es nicht ohne weiteres klar, wie bei allen Gleichungen höheren Grades das Product rational durch die Coefficienten bestimmt werden kann. *De Foncenex* nahm dies zuerst wahr (Miscell. phil. math. soc. Taurin. T. I. p. 117); dabei bemerkt er mit Recht, dass ohne strengen Beweis dieser Voraussetzung die Methode alle Beweiskraft verliere; er gesteht ferner ein, dass ihm derselbe recht schwer erscheine, und er giebt einen Weg an, den er vergeblich eingeschlagen habe[**]. Gleichwohl lässt sich die Sache ohne Schwierigkeit durch folgende Methode erledigen, deren Kernpunkt ich hier nur andeuten kann: Obschon es bei den Gleichungen vierten Grades nicht völlig klar liegt, dass das Product $(𝔞 + 𝔟)(𝔞 + 𝔠)(𝔞 + 𝔡)$ durch die Coefficienten B, C, D darstellbar sei, so erkennt man doch leicht, dass dasselbe Product auch $= (𝔟 + 𝔞)(𝔟 + 𝔠)(𝔟 + 𝔡)$, ferner $= (𝔠 + 𝔞)(𝔠 + 𝔟)(𝔠 + 𝔡)$, endlich $= (𝔡 + 𝔞)(𝔡 + 𝔟)(𝔡 + 𝔠)$

---

[*] *Euler* schreibt irrthümlich C; deshalb setzt er auch später unrichtig $pqr = C$.

[**] Bei dieser Auseinandersetzung scheint sich S. 118, Z. 5 ein Irrthum eingeschlichen zu haben. An Stelle von p (»man wählte nur diejenigen, in welche p einging etc.«) muss treten: »ebenfalls irgend eine Wurzel der vorgelegten Gleichung« oder etwas Aehnliches; denn jenes hat keinen Sinn.

sei. Folglich wird das Product pqr der vierte Theil der Summe
$$(\mathfrak{a}+\mathfrak{b})(\mathfrak{a}+\mathfrak{c})(\mathfrak{a}+\mathfrak{d}) + (\mathfrak{b}+\mathfrak{a})(\mathfrak{b}+\mathfrak{c})(\mathfrak{b}+\mathfrak{d})$$
$$+ (\mathfrak{c}+\mathfrak{a})(\mathfrak{c}+\mathfrak{b})(\mathfrak{c}+\mathfrak{d}) + (\mathfrak{d}+\mathfrak{a})(\mathfrak{d}+\mathfrak{b})(\mathfrak{d}+\mathfrak{c}),$$
welche bei ihrer Entwickelung eine ganze rationale Function der Wurzeln $\mathfrak{a}, \mathfrak{b}, \mathfrak{c}, \mathfrak{d}$ wird, und zwar eine solche, welche wie man leicht von vorn herein erkennt, alle Wurzeln in gleicher Weise enthält. Derartige Functionen lassen sich stets rational durch die Coefficienten der Gleichung mit den Wurzeln $\mathfrak{a}, \mathfrak{b}, \mathfrak{c}, \mathfrak{d}$ ausdrücken. Dasselbe wird auch ersichtlich, sobald man das Product pqr unter die folgende Form bringt:
$$\tfrac{1}{2}(\mathfrak{a}+\mathfrak{b}-\mathfrak{c}-\mathfrak{d}) \cdot \tfrac{1}{2}(\mathfrak{a}+\mathfrak{c}-\mathfrak{b}-\mathfrak{d}) \cdot \tfrac{1}{2}(\mathfrak{a}+\mathfrak{d}-\mathfrak{b}-\mathfrak{c});$$
es lässt sich leicht von vorn herein erkennen, dass bei der Entwickelung dieses Products alle Wurzeln $\mathfrak{a}, \mathfrak{b}, \mathfrak{c}, \mathfrak{d}$, in gleicher Weise auftreten werden. Ein Kundiger wird hieraus leicht erkennen, wie dies auf höhere Gleichungen angewendet werden muss. — Die vollständige Auseinandersetzung dieses Beweises, den die Kürze hier durchzuführen nicht erlaubte, spare ich mir zugleich mit einer ausführlichen Behandlung der Functionen, welche mehrere Veränderliche in derselben Weise umschliessen, für eine andere Gelegenheit auf.

Ich bemerke übrigens, dass man ausser diesen vier Einwürfen im *Euler*'schen Beweise noch einiges andere Angreifbare findet; doch übergehe ich dies mit Stillschweigen, um nicht etwa als gar zu scharfer Kritiker zu erscheinen, zumal da das Vorangehende bereits hinlänglich zeigt, dass der Beweis, wenigstens in der von *Euler* vorgelegten Form, keinesfalls für ausreichend angesehen werden kann.

Später gab *Euler* noch einen anderen Weg an, um den Lehrsatz für Gleichungen, deren Grad keine Potenz von 2 ist, auf die Lösung solcher Gleichungen zurückzuführen, bei denen dies zutrifft; da aber diese Methode über die Gleichungen, deren Grad eine Potenz von 2 ist, keine Auskunft giebt und überdies allen früheren Einwürfen ausser dem vierten ausgesetzt ist, genau wie der erste allgemeine Beweis, so ist es nicht nöthig dieselbe hier ausführlicher auseinanderzusetzen.

9.

In derselben Abhandlung bemüht sich *Euler*, S. 263, unseren Satz noch auf einem anderen Wege zu beweisen. Hiervon ist der wesentliche Inhalt folgender: Bis jetzt konnte zwar der analytische Ausdruck der Wurzeln einer gegebenen Gleichung

$x^n + A x^{n-1} + B x^{n-2} + \ldots = 0$ noch nicht gefunden werden, wenn $n > 4$ ist; doch scheint es, wie *Euler* versichert, festzustehen, dass derselbe nichts anderes enthalten kann, als arithmetische Operationen und Wurzelausziehungen, die freilich um so verwickelter ausfallen, je grösser n ist. Wird dies zugegeben, dann zeigt *Euler* aufs beste, dass, so verwickelt auch die Wurzelzeichen auftreten, doch die Formeln stets einen in der Form $M + N \sqrt{-1}$ darstellbaren Werth liefern, wobei M, N reelle Grössen sind.

Gegen diesen Schluss lässt sich einwenden, dass nach den Bemühungen so vieler und so bedeutender Mathematiker überaus wenig Hoffnung bleibt, jemals zur allgemeinen Lösung algebraischer Gleichungen zu gelangen, und dass die Wahrscheinlichkeit gross und grösser wird, eine solche Lösung sei überhaupt unmöglich, sie berge einen Widerspruch in sich. Dies dürfte um so weniger paradox erscheinen, als das, was gewöhnlich Auflösung einer Gleichung genannt wird, wesentlich nichts anderes ist, als die Zurückführung der vorgelegten auf reine Gleichungen. Denn die Lösung reiner Gleichungen wird hier nicht gelehrt sondern vorausgesetzt; wenn man die Wurzel der Gleichung $x^m = H$ durch $\sqrt[m]{H}$ ausdrückt, so hat man sie durchaus nicht gelöst und nicht mehr gethan, als wenn man für die Wurzel der Gleichung $x^n + A x^{n-1} + \ldots = 0$ irgend ein Zeichen erdenkt, und die Wurzel diesem gleichsetzt. Freilich haben die reinen Gleichungen vor allen anderen viel voraus, sowohl wegen der Leichtigkeit, die Wurzeln derselben durch Annäherung zu finden, als wegen des eleganten Zusammenhanges aller ihrer Wurzeln unter sich, und deshalb ist es durchaus nicht zu tadeln, dass die Analytiker die Wurzeln derselben mit einem besonderen Zeichen versehen haben; allein daraus, dass sie dieses Zeichen zugleich mit den arithmetischen Zeichen der Addition, Subtraction, Multiplication, Division und Potenzerhebung unter der Bezeichnung analytischer Ausdrücke zusammengefasst haben, folgt nicht im mindesten, dass die Wurzel jeder Gleichung durch dieselben darstellbar sei. Mit kurzen Worten: es wird ohne ausreichenden Grund angenommen, dass die Lösung jeder Gleichung auf die Lösung reiner Gleichungen zurückgeführt werden könne. Vielleicht möchte es nicht so schwer sein, die Unmöglichkeit schon für den fünften Grad in aller Strenge nachzuweisen; meine Untersuchungen hierüber werde ich an anderer Stelle ausführlich mittheilen. Hier genügt es hervorzuheben, dass die allgemeine, in diesem Sinne verstandene Lösung von Gleichungen noch sehr zweifelhaft ist, und dass also ein Beweis, dessen ganze Stärke von jener Annahme abhängt, beim augenblicklichen Stande der Sache von keinem Gewichte ist.

10.

Später schlug auch *de Foncenex*, nachdem er den einen Mangel im ersten *Euler*'schen Beweise (siehe oben in § 8 den vierten Einwurf) bemerkt hatte, ohne ihn heben zu können, noch einen anderen Gang ein und veröffentlichte denselben in der oben erwähnten Abhandlung S. 120*). Derselbe besteht in Folgendem.

Vorgelegt sei eine Gleichung $Z = 0$, wo Z eine Function m ten Grades der Unbekannten z bedeutet. Ist m ungerade, dann ist es bereits bekannt, dass diese Gleichung eine reelle Wurzel besitzt; wenn m jedoch gerade ist, dann versucht *Foncenex* auf folgende Art zu beweisen, dass die Gleichung mindestens eine Wurzel von der Form $p + q\sqrt{-1}$ hat. Es sei $m = 2^n \cdot i$, wobei i eine ungerade Zahl bedeuten soll, und es wird vorausgesetzt, $z^2 + uz + M$ sei ein Theiler der Function Z. Dann ist jeder Werth von u die Summe zweier Wurzeln der Gleichung $Z = 0$, mit geändertem Vorzeichen, so dass u gerade $\frac{m(m-1)}{1 \cdot 2} = m'$ Werthe haben wird; ist nun u durch die Gleichung $U = 0$ bestimmt, wo U eine ganze Function von u und den bekannten Coefficienten in Z bedeutet, so wird dieselbe vom Grade m' sein. Hier sieht man leicht ein, dass m' eine Zahl von der Form $2^{n-1} i'$ wird, wo i' eine ungerade Zahl bedeutet. Sollte m' noch nicht ungerade sein, so wird wiederum vorausgesetzt, dass $u^2 + u'u + M'$ ein Theiler von U wird, und aus ähnlichen Schlüssen folgt, dass u' durch eine Gleichung $U' = 0$ bestimmt werde, wo U' eine Function des Grades $\frac{m'(m'-1)}{1 \cdot 2}$ von u' ist.

Setzt man nun $\frac{m'(m'-1)}{1 \cdot 2} = m''$, so wird m'' eine Zahl von der

---

*) Im zweiten Bande der »Miscellanen« S. 337 sind Erläuterungen zu dieser Abhandlung enthalten; doch beziehen sie sich nicht auf die vorliegende Untersuchung, sondern auf die Logarithmen negativer Grössen, von denen in derselben Abhandlung die Rede war.

Form $2^{n-2}.i'''$, wobei i''' eine ungerade Zahl bedeutet. Sollte m'' noch ungerade sein, so wird angenommen $u'^2 + u''u' + M''$ sei ein Theiler der Function U', und u'' wird durch eine Gleichung $U'' = 0$ bestimmt, welche vom Grade m''' sein mag, wo m''' eine Zahl von der Form $2^{n-3}.i'''$ ist. Offenbar wird in der Reihe der Gleichungen $U = 0$, $U' = 0$, $U'' = 0$, ... die $n$te von ungeradem Grade, so dass sie eine reelle Wurzel besitzt. Der Kürze wegen nehmen wir $n = 3$, so dass die Gleichung $U'' = 0$ eine reelle Wurzel u'' hat; es ist ja sofort ersichtlich, dass für jeden anderen Werth von n dieselben Schlüsse gelten. Dann wird, wie *de Foncenex* behauptet, der Coefficient M'' durch u'' und die Coefficienten von U', von denen man leicht einsieht, dass sie ganze Functionen der Coefficienten von Z werden, oder auch durch u'' und die Coefficienten von Z rational darstellbar und folglich reell werden. Hieraus folgt, dass die Wurzeln der Gleichung $u'^2 + u''u' + M'' = 0$ unter der Form $p + q\sqrt{-1}$ auftreten; diese genügen aber offenbar der Gleichung $U' = 0$; folglich giebt es einen unter der Form $p + q\sqrt{-1}$ enthaltenen Werth für u'. Ferner ist der Coefficient M' (ähnlich wie oben) rational durch u' und die Coefficienten von Z bestimmbar, und folglich ist er auch von der Form $p + q\sqrt{-1}$. Deshalb sind die Wurzeln der Gleichung $u^2 + u'u + M' = 0$ von derselben Form, und da dieselben auch der Gleichung $U = 0$ genügen, so besitzt diese Gleichung eine Wurzel von der Form $p + q\sqrt{-1}$. Endlich folgt hieraus in ähnlicher Weise, dass M dieselbe Form besitze, dass dasselbe bei einer Wurzel der Gleichung $z^2 + uz + M = 0$ stattfinde, und dass diese offenbar auch der gegebenen Gleichung $Z = 0$ genüge. Folglich wird jede Gleichung mindestens eine Wurzel von der Form $p + q\sqrt{-1}$ besitzen.

11.

Die Einwürfe 1, 2, 3, welche ich gegen den *Euler*'schen Beweis erhoben habe (§ 8), gelten auch hier vollkommen, nur mit dem Unterschiede, dass der zweite Einwurf, welchem der *Euler*'sche Beweis nur in gewissen besonderen Fällen unterworfen war, den vorliegenden in allen Fällen trifft. Man kann nämlich von vornherein beweisen, dass, selbst wenn eine Formel vorliegt, welche den Coefficienten M' rational durch u' und die Coefficienten von Z ausdrückt, diese doch für mehrere Werthe von u' nothwendig unbestimmt werden muss; ähnlich wird die

Formel, welche den Coefficienten M'' durch u'' liefert, für einige Werthe von u'' unbestimmt u. s. f. Nehmen wir die Gleichung vierten Grades als Beispiel, so wird dies klar zu Tage treten. Wir setzen $m = 4$ und bezeichnen die Wurzeln der Gleichung $Z = 0$ mit $\alpha, \beta, \gamma, \delta$. Dann erkennt man, dass die Gleichung sechsten Grades $U = 0$ als Wurzeln $-(\alpha + \beta)$, $-(\alpha + \gamma)$, $-(\alpha + \delta)$, $-(\beta + \gamma)$, $-(\beta + \delta)$, $-(\gamma + \delta)$ besitzen wird. Die Gleichung $U' = 0$ wird vom fünfzehnten Grade werden; ihre Wurzeln u' sind die folgenden

$2\alpha + \beta + \gamma, 2\alpha + \beta + \delta, 2\alpha + \gamma + \delta, 2\beta + \alpha + \gamma, 2\beta + \alpha + \delta, 2\beta + \gamma + \delta$
$2\gamma + \alpha + \beta, 2\gamma + \alpha + \delta, 2\gamma + \beta + \delta, 2\delta + \alpha + \beta, 2\delta + \alpha + \gamma, 2\delta + \beta + \gamma$
$\alpha + \beta + \gamma + \delta, \; \alpha + \beta + \gamma + \delta, \; \alpha + \beta + \gamma + \delta.$

Da diese Gleichung von ungeradem Grade ist, so muss man bereits bei ihr Halt machen; in der That besitzt sie die reelle Wurzel $\alpha + \beta + \gamma + \delta$, (welche dem ersten Coefficienten in Z mit geändertem Vorzeichen gleich und also nicht nur reell, sondern sogar rational ist, wenn die Coefficienten von Z rational sind). Aber man sieht leicht ein, dass jede Formel, welche den Werth von M' durch den entsprechenden Werth von u' rational ausdrückt, für $u' = \alpha + \beta + \gamma + \delta$ unbestimmt werden muss. Denn dieser Werth wird eine dreifache Wurzel der Gleichung $U' = 0$, und es entsprechen ihm 3 Werthe von M', nämlich $(\alpha + \beta)(\gamma + \delta)$, $(\alpha + \gamma)(\beta + \delta)$, $(\alpha + \delta)(\beta + \gamma)$, welche sämmtlich irrational sein können. Offenbar aber kann eine rationale Formel in diesem Falle weder einen irrationalen Werth von M', noch drei von einander verschiedene Werthe liefern. Aus diesem Beispiele lässt sich zur Genüge ersehen, dass die Methode von *de Foncenex* nicht befriedigen kann, und dass, wenn man sie nach allen Richtungen hin vollständig machen will, man viel tiefere Untersuchungen in der Theorie der Elimination anstellen muss.

12.

Endlich behandelt *La Grange* unser Theorem in der Abhandlung: Sur la forme des racines imaginaires des équations; Nouv. Mém. de l'Acad. de Berlin 1772, S. 222 ff. Dieser grosse Mathematiker bemühte sich vor Allem, die Lücken in *Euler*'s erstem Beweise auszufüllen, und wirklich hat er besonders das, was oben § 8 den zweiten und den vierten Einwurf ausmacht, so tief durchforscht, das nichts Weiteres zu wünschen bleibt; abgesehen davon, dass vielleicht bei seiner vorausgehenden

Behandlung der Eliminations-Theorie, auf welche sich die gesammte Untersuchung stützt, einige zweifelhafte Punkte zurückbleiben. — Den dritten Einwurf dagegen berührt er überhaupt nicht; ja auch seine ganze Untersuchung ist auf der Voraussetzung aufgebaut, jede Gleichung m ten Grades habe wirklich m Wurzeln.

Nachdem wir so ordentlich und genau alles bisher Veröffentlichte erwogen haben, hoffe ich, dass ein neuer auf völlig anderen Grundsätzen beruhender Beweis unseres überaus wichtigen Satzes den Kundigen erwünscht sein werde. Ich schreite zur Darlegung desselben.

13.

Hülfssatz. Bezeichnet m irgend eine positive ganze Zahl, so wird die Function $\sin\varphi \cdot x^m - \sin m\varphi$. $r^{m-1}x + \sin(m-1)\varphi \cdot r^m$ durch $x^2 - 2\cos\varphi \cdot rx + r^2$ theilbar sein.

Beweis. Für $m = 1$ ist jene Function $= 0$ und also durch jeden beliebigen Factor theilbar; für $m = 2$ wird der Quotient $\sin\varphi$, und für jeden höheren Werth wird der Quotient
$\sin\varphi \cdot x^{m-2} + \sin 2\varphi \cdot rx^{m-3} + \sin 3\varphi \cdot r^2 x^{m-4} + \ldots + \sin(m-1)\varphi \cdot r^{m-}$
Denn man beweist leicht, dass das Product aus dieser Function und aus $x^2 - 2\cos\varphi \cdot rx + r^2$ der gegebenen Function gleich wird.

14.

Hülfssatz. Sind die Grösse r und der Winkel φ so bestimmt, dass die Gleichungen
(1) $r^m \cos m\varphi + A r^{m-1} \cos(m-1)\varphi + B r^{m-2} \cos(m-2)\varphi + \ldots + K r^2 \cos 2\varphi + L r \cos\varphi + M = 0$
(2) $r^m \sin m\varphi + A r^{m-1} \sin(m-1)\varphi + B r^{m-2} \sin(m-2)\varphi + \ldots + K r^2 \sin 2\varphi + L r \sin\varphi = 0$
bestehen, dann wird die Function $x^m + A x^{m-1} + B x^{m-2} + \ldots + K x^2 + L x + M = X$ durch den quadratischen Factor $x^2 - 2\cos\varphi \cdot rx + r^2$ theilbar sein, falls $r\sin\varphi$ nicht $= 0$ ist; ist aber $r\sin\varphi = 0$, dann wird dieselbe Function durch den linearen Factor $x - r\cos\varphi$ theilbar werden.

Beweis. I. Aus dem vorigen Paragraphen ergiebt sich, dass alle die folgenden Grössen durch $x^2 - 2\cos\varphi \cdot xr + r^2$ theilbar sind:

rationaler ganzer Functionen.

$$\sin\varphi.rx^m \quad - \quad \sin m\varphi.r^m x \quad + \quad \sin(m-1)\varphi.r^{m+1}$$
$$A\sin\varphi.rx^{m-1} - A\sin(m-1)\varphi.r^{m-1}x + A\sin(m-2)\varphi.r^m$$
$$B\sin\varphi.rx^{m-2} - B\sin(m-2)\varphi.r^{m-2}x + B\sin(m-3)\varphi.r^{m-1}$$
$$\cdots\cdots\cdots\cdots\cdots\cdots\cdots\cdots\cdots\cdots\cdots\cdots$$
$$K\sin\varphi.rx^2 \quad -K\sin 2\varphi.r^2 x \quad\quad + K\sin\varphi.r^3$$
$$L\sin\varphi.rx \quad\; -L\sin\varphi.rx$$
$$M\sin\varphi.r \quad\quad\quad\quad\quad\quad\quad\quad\;\; + M\sin(-\varphi).r.$$

Folglich ist auch die Summe dieser Grössen durch $x^2 - 2\cos\varphi.rx + r^2$ theilbar. Die ersten Summanden der einzelnen Grössen geben als Summe $\sin\varphi.rX$; die zweiten geben, wegen (2), summirt 0; dass ferner das Aggregat der dritten gleichfalls verschwinde, erkennt man leicht, wenn man (1) mit $\sin\varphi$, (2.) mit $\cos\varphi$ multiplicirt und jenes Product von diesem subtrahirt. Daraus folgt, dass die Function $\sin\varphi.rX$ durch $x^2 - 2\cos\varphi\, rx + r^2$ theilbar ist, und also, wenn nicht $r\sin\varphi = 0$ wird, auch die Function X selbst. W. z. b. w.

II. Sollte aber $r\sin\varphi = 0$ sein, so wird entweder $r = 0$ oder $\sin\varphi = 0$. Im ersten Falle wird $M = 0$, wegen (1); also ist X durch x oder durch $x - r\cos\varphi$ theilbar. Im zweiten Falle wird $\cos\varphi = \pm 1$, $\cos 2\varphi = +1$, $\cos 3\varphi = \pm 1$ und allgemein $\cos n\varphi = \cos\varphi^n$. Deshalb wird wegen (1) $X = 0$ für $x = r\cos\varphi$ werden, und daher die Function X durch $x - r.\cos\varphi$ theilbar sein. W. z. b. w.

15.

Der vorhergehende Satz wird meistens mit Hülfe imaginärer Grössen bewiesen, vergl. *Euler*: Introd. in Anal. Inf. T. I. S. 110; ich hielt es der Mühe für werth zu zeigen, wie er auf gleich leichte Art ohne Hülfe derselben abgeleitet werden könne. Hierdurch wird es jetzt offenbar, dass zum Beweise unseres Satzes nichts Anderes nöthig ist, als dass gezeigt werde: **Ist irgend eine Function X von der Form $x^m + Ax^{m-1} + Bx^{m-2} + \cdots + Lx + M$ gegeben, dann lassen sich r und φ so bestimmen, dass die Gleichungen (1) und (2) statt haben.** Denn hieraus folgt, dass X einen reellen Factor ersten oder zweiten Grades besitzt; die Division durch denselben liefert nothwendig einen reellen Quotienten geringeren Grades, welcher aus denselben Gründen wieder einen Factor ersten oder zweiten Grades haben wird. Durch die Fortsetzung dieses Verfahrens wird X endlich in reelle Factoren ersten oder zweiten Grades zerlegt. Jenen Satz nun zu beweisen, ist das Ziel der folgenden Untersuchungen.

16.

Wir betrachten eine feste unendliche Ebene (die Ebene der Zeichnung. Fig. 1) und in ihr eine feste unendliche Gerade GC, die durch den festen Punkt C geht. Wir nehmen, um alle Strecken durch Zahlen ausdrücken zu können, eine willkürliche Länge als Einheit an, und errichten in einem beliebigen Punkte P der Ebene, für welchen der Abstand vom Centrum C gleich r und der Winkel $GCP = \varphi$ ist, eine Senkrechte, die gleich dem Werthe des Ausdruckes

$$r^m \sin m\varphi + A r^{m-1} \sin (m-1)\varphi + \ldots + L r \sin \varphi$$

ist. Diesen Ausdruck werde ich im Folgenden der Kürze halber stets durch T bezeichnen. Die Entfernung r betrachte ich stets als positiv, und für Punkte, welche auf der unteren Seite der Axe liegen, muss der Winkel φ entweder als zwei Rechte übertreffend oder, was auf dasselbe hinausläuft, als negativ angesehen werden. Die Endpunkte dieser Senkrechten, welche für einen positiven Werth von T oberhalb der Ebene, für einen negativen unterhalb, für einen verschwindenden in der Ebene selbst anzunehmen sind, bilden eine stetige, krumme, allseitig unbegrenzte Oberfläche, welche ich der Kürze halber im Folgenden die **erste Oberfläche** nennen werde. Durchaus in gleicher Weise möge auf dieselbe Ebene, dasselbe Centrum und dieselbe Axe eine andere Oberfläche bezogen werden, deren Höhe über jedem Punkte der Ebene gleich

$$r^m \cos m\varphi + A r^{m-1} \cos (m-1)\varphi + \ldots + L r \cos \varphi + M$$

sei; diesen Ausdruck werde ich der Kürze halber stets durch U bezeichnen. Auch diese Oberfläche wird stetig und allseitig unbegrenzt sein; ich werde sie von der obigen durch die Bezeichnung als **zweite Oberfläche** unterscheiden. Dann stellt sich unsere ganze Aufgabe offenbar so, zu beweisen, dass es mindestens einen Punkt gebe, der zugleich in der Ebene, in der ersten und in der zweiten Oberfläche liegt.

17.

Man erkennt leicht, dass die erste Oberfläche zum Theil oberhalb, zum Theil unterhalb der Ebene liegt; denn man kann ja die Entfernung r vom Centrum so gross annehmen, dass das erste Glied $r^m \sin m\varphi$ in T alles Folgende überwiegt; wird dann der Winkel φ passend bestimmt, dann kann dasselbe sowohl positiv als negativ werden. Deshalb muss die feste Ebene von der ersten Oberfläche geschnitten werden; diesen Schnitt der Ebene mit der ersten Oberfläche werde ich erste Linie benennen: sie wird also durch die Gleichung $T = 0$ bestimmt. Aus gleichen Gründen wird die Ebene von der zweiten Oberfläche geschnitten; der Schnitt bildet die durch die Gleichung $U = 0$ bestimmte Curve, welche ich zweite Linie nennen werde. Eigentlich werden beide Curven aus mehreren Zweigen bestehen, die von einander völlig getrennt sein können, einzeln aber stetige Züge bilden. Ja, die erste Linie wird stets eine sogenannte reductible sein, da die Axe GC als Theil dieser Curve zu betrachten ist; denn welchen Werth man dem r auch beilegt, T wird stets $= 0$ werden, wenn $\varphi = 0$ oder $= 180^{\circ}$ ist. Aber es ist vorzuziehen, die Gesammtheit aller Zweige, welche durch alle Punkte hindurchgehen, für die $T = 0$ ist, als eine einzige Curve anzusehen, wie dies in der höheren Geometrie auch allgemein Brauch ist; das Gleiche finde bei allen Zweigen statt, welche durch alle Punkte hindurchgehen, in denen $U = 0$ ist. Jetzt ist unsere Aufgabe offenbar darauf zurückgeführt, zu beweisen, dass in der Ebene mindestens ein Punkt existirt, in welchem einer der Zweige der ersten Linie von einem Zweige der zweiten Linie geschnitten wird. Zu diesem Zwecke ist es nöthig, den Verlauf dieser Linien näher zu betrachten.

18.

Vor allem bemerke ich, dass beide Curven algebraisch sind, und zwar, auf Orthogonal-Coordinaten bezogen, von $m$ter Ordnung. Nimmt man nämlich den Anfang der Abscissen in C an und rechnet die Richtung der Abscissen x nach G hin, die der Ordinaten y nach P hin, dann wird $x = r\cos\varphi$, $y = r\sin\varphi$. und allgemein für jedes beliebige n

$$r^n \sin n\varphi = nx^{n-1}y - \frac{n(n-1)(n-2)}{1.2.3}x^{n-3}y^3 + \frac{n\ldots(n-4)}{1\ldots 5}x^{n-5}y^5 - \ldots$$

$$r^n \cos n\varphi = x^n - \frac{n(n-1)}{1.2}x^{n-2}y^2 + \frac{n(n-1)(n-2)(n-3)}{1.2.3.4}x^{n-4}y^4 - \ldots$$

Deshalb bestehen T und U aus mehreren Gliedern der Form $ax^\alpha y^\beta$, wobei α, β ganze positive Zahlen bedeuten, deren Summe als höchsten Werth m besitzt. Es lässt sich übrigens leicht vorhersehen, dass alle Glieder von T den Factor y enthalten, so dass die erste Linie genau genommen aus der Geraden, deren Gleichung $y = 0$ ist, und aus einer Curve der Ordnung $m - 1$ zusammengesetzt ist; aber es ist nicht nöthig, hier auf diese Unterscheidung Rücksicht zu nehmen.

Von grösserer Bedeutung wird die Untersuchung darüber sein, ob die erste und die zweite Linie unendliche Schenkel besitzen, und von welcher Anzahl und von welcher Beschaffenheit diese sind. In unendlicher Entfernung vom Punkte C wird die erste Linie, deren Gleichung $\sin m\varphi + \dfrac{A}{r} \sin (m-1)\varphi + \dfrac{B}{r^2} \sin (m-2)\varphi + \ldots = 0$ ist, mit derjenigen Linie zusammenfallen, deren Gleichung $\sin m\varphi = 0$ ist. Diese liefert nur m gerade Linien, die sich im Punkte C schneiden; die erste derselben ist die Axe GCG', die übrigen sind gegen diese unter den Winkeln $\dfrac{1}{m} 180, \dfrac{2}{m} 180, \dfrac{3}{m} 180, \ldots$ Grad geneigt. Folglich hat die erste Linie $2m$ unendliche Zweige, welche den Umfang eines mit unendlich grossem Radius beschriebenen Kreises in $2m$ gleiche Theile zerlegen, so dass sein Umfang vom ersten Zweige im Schnittpunkte des Kreises mit der Axe getroffen wird, vom zweiten in der Entfernung $\dfrac{1}{m} 180^\circ$, vom dritten in der Entfernung $\dfrac{2}{m} 180^\circ$, u. s. w. Aehnlich folgt, dass die zweite Linie in unendlicher Entfernung vom Centrum als Asymptote die durch die Gleichung $\cos m\varphi = 0$ dargestellte Curve hat. Diese besteht aus der Gesammtheit von m Geraden, welche sich ebenfalls im Punkte C unter gleichen Winkeln schneiden, doch so, dass die erste mit der Axe CG den Winkel $\dfrac{1}{m} 90^\circ$ bildet, die zweite den Winkel $\dfrac{3}{m} 90^\circ$, die dritte den Winkel $\dfrac{5}{m} 90^\circ$ u. s. f. Deshalb besitzt auch die zweite Linie $2m$ unendliche Zweige, welche einzeln die Mitten zwischen je zwei benachbarten Zweigen der ersten Linie bilden, so dass sie die Peripherie des mit unendlich grossem Radius beschriebenen Kreises in Punkten schneiden, welche von der Axe um $\frac{1}{m} 90^0$, $\frac{3}{m} 90^0$, $\frac{5}{m} 90^0$, ... abstehen. Uebrigens ist es ersichtlich, dass die Axe selbst stets zwei unendliche Zweige der ersten Linie bildet, nämlich den ersten und den $(m+1)$ ten. Aufs deutlichste wird diese Lage der Zweige durch die Figur 2 dargestellt, welche für den Fall $m = 4$ construirt ist; hier sind die Zweige der zweiten Linie punktirt, damit sie von denen der ersten unterschieden werden können; dasselbe ist auch bei der vierten Figur festzuhalten[*]). Da aber diese Ergebnisse von der grössten Bedeutung sind, und unendliche Grössen einige Leser stören könnten, so will ich im folgenden Paragraphen zeigen, wie man dieselben Folgerungen auch ohne das Hülfsmittel unendlicher Grösse ziehen kann.

19.

Lehrsatz. Unter den obigen Voraussetzungen kann um den Mittelpunkt C ein Kreis beschrieben werden, auf dessen Umfang $2m$ Punkte liegen, in denen $T = 0$ ist, und ebensoviele, in denen $U = 0$ ist; die Lage derselben ist so, dass die einzelnen der zweiten Art zwischen je zweien der ersten Art liegen.

Es möge die Summe aller positiv genommenen Coefficienten $A, B, \ldots K, L, M$ gleich S sein; ferner werde R zugleich $> S\sqrt{2}$ und > 1[**]) angenommen; dann behaupte ich, dass auf dem Kreise, welcher mit dem Radius R beschrieben ist, die in dem Lehrsatze angegebenen Verhältnisse eintreten. Der Kürze wegen bezeichnen wir mit (1) denjenigen Punkt seines Umfanges, welcher $\frac{1}{m} 45^0$ vom Treffpunkte des Kreises mit der linken Seite der Axe absteht, für den also $\varphi = \frac{1}{m} 45^0$ ist, ähnlich mit (3) denjenigen, welcher vom Treffpunkte $\frac{3}{m} 45^0$ entfernt, für den

---

[*]) Die vierte Figur ist unter der Annahme $X = x^4 - 2x^2 + 3x + 10$ construirt; an ihr können also Leser, welche mit allgemeinen und abstracten Untersuchungen weniger vertraut sind, die Lage beider Curven an einem concreten Beispiele anschauen. Die Länge der Linie CG ist $= 10$ genommen ($CN = 1,26255$).

[**]) Für $S > \sqrt{\frac{1}{2}}$ ist die zweite Bedingung in der ersten, für $S < \sqrt{\frac{1}{2}}$ die erste Bedingung in der zweiten enthalten.

also $\varphi = \dfrac{3}{m} 45^\circ$ ist; mit (5) den, für welchen $\varphi = \dfrac{5}{m} 45^\circ$ ist, ... bis zum Punkte $(8m-1)$, welcher $\dfrac{8m-1}{m} 45^\circ$ von jenem Treffpunkte entfernt ist, falls man stets nach derselben Richtung fortschreitet, oder $\dfrac{1}{m} 45^\circ$, wenn man nach der entgegengesetzten Seite geht. Man hat also im Ganzen $4m$ Punkte auf dem Umfange, die um gleiche Abstände von einander entfernt sind. Dann wird zwischen $(8m-1)$ und (1) ein Punkt liegen, für den $T=0$ ist; je ein ähnlicher Punkt liegt zwischen (3) und (5); zwischen (7) und (9); zwischen (11) und (13), u. s. w.; ihre Anzahl beträgt $2m$. In derselben Weise liegen die einzelnen Punkte, in denen $U=0$ ist, zwischen (1) und (3); zwischen (5) und (7); zwischen (9) und (11); ihre Anzahl beträgt daher auch $2m$. Ausser diesen $4m$ Punkten giebt es auf dem Umfange keine anderen, für welche T oder $U=0$ wird.

Beweis. I. Im Punkte (1) wird $m\varphi = 45^\circ$, und also

$$T = R^{m-1}(R\sqrt{\tfrac{1}{2}} + A \sin(m-1)\varphi + \tfrac{B}{R} \sin(m-2)\varphi + \ldots + \tfrac{L}{R^{m-2}} \sin\varphi).$$

Die Summe $A \sin(m-1)\varphi + \dfrac{B}{R} \sin(m-2)\varphi + \ldots$ kann sicher nicht grösser sein als S, und so muss sie kleiner werden als $R\sqrt{\tfrac{1}{2}}$; folglich ist der Werth von T in diesem Punkte sicher positiv. Um so mehr besitzt also T einen positiven Werth, wenn $m\varphi$ zwischen 45° und 135° liegt, d. h. T besitzt vom Punkte (1) bis zum Punkte (3) stets einen positiven Werth. Aus demselben Grunde hat T vom Punkte (9) bis zum Punkte (11) überall einen positiven Werth, und allgemein von irgend einem Punkte $(8k+1)$ bis zu $(8k+3)$, wobei k irgend welche ganze Zahl bedeutet. In ähnlicher Weise ist T überall zwischen (5) und (7), zwischen (13) und (15) u. s. w., und allgemein zwischen $(8k+5)$ und $(8k+7)$ negativ und kann also in allen diesen Intervallen nirgend $=0$ sein. Weil nun aber in (3) dieser Werth positiv und in (5) negativ ist, muss er irgendwo zwischen (3) und (5) $=0$ sein; ebenso irgendwo zwischen (7) und (9); zwischen (11) und (13) u. s. w. bis zum Intervall zwischen $(8m-1)$ und (1) inclusive, so dass T im Ganzen in $2m$ Punkten $=0$ wird.

II. Dass es ausser diesen $2m$ Punkten andere von gleicher Eigenschaft nicht giebt, erkennt man so. Da zwischen (1) und

(3), zwischen (5) und (7), u. s. w. keine existiren, so könnte es nur dann geschehen, dass noch mehr solche Punkte bestehen, wenn in irgend einem der Intervalle von (3) bis (5) oder von (7) bis (9) u. s. w. mindestens zwei solche lägen. Dann müsste aber T in demselben Intervall irgendwo ein Maximum oder ein Minimum, und also $\frac{dT}{d\varphi} = 0$ sein. Nun ist aber $\frac{dT}{d\varphi} = mR^{m-2}(R\cos m\varphi$

$+ \frac{m-1}{m} A \cos(m-1)\varphi + \ldots)$ und $\cos m\varphi$ ist zwischen (3) und (5) stets negativ und seinem Werthe nach $> \sqrt{\frac{1}{2}}$. Daraus folgt leicht, dass $\frac{dT}{d\varphi}$ in diesem ganzen Intervalle eine negative Grösse ist; ebenso ist es zwischen (7) und (9) beständig eine positive Grösse; zwischen (11) und (13) eine negative, u. s. w. In keinem von diesen Intervallen kann es also 0 sein, so dass die Annahme nicht richtig war. Folglich u. s. w.

III. Durchaus auf gleiche Weise wird gezeigt, das U überall zwischen (3) und (5) einen negativen Werth besitzt, ebenso zwischen (11) und (13) u. s. w., und allgemein zwischen $(8k+3)$ und $(8k+5)$; einen positiven dagegen zwischen (7) und (9), zwischen (15) und (17) u. s. w. und allgemein zwischen $(8k+7)$ und $(8k+9)$. Hieraus ergiebt sich sofort, dass U irgendwo zwischen (1) und (3), zwischen (5) und (7) u. s. w., d. h. im ganzen in $2m$ Punkten $= 0$ werde. In keinem von diesen Intervallen kann $\frac{dU}{d\varphi} = 0$ sein, (was leicht in ähnlicher Weise wie oben bewiesen wird); folglich kann es auf dem Umfange des Kreises nicht mehr als jene $2m$ Punkte geben, in denen $U=0$ wird.

Uebrigens kann der Theil des Lehrsatzes, gemäss dem es nicht mehr als $2m$ Punkte geben kann, in denen $T=0$, und nicht mehr als $2m$ Punkte, in denen $U=0$ wird, auch dadurch bewiesen werden, dass man die Gleichungen $T=0$, $U=0$ als Curven $n$ter Ordnung deutet, welche von einem Kreise, als von einer Curve zweiter Ordnung in nicht mehr als $2m$ Punkten geschnitten werden können, wie dies aus der höheren Geometrie bekannt ist.

20.

Wenn ein anderer Kreis mit grösserem Radius als R um denselben Mittelpunkt beschrieben und auf dieselbe Weise getheilt wird, so liegt auch hier zwischen den Punkten (3) und (5) ein einziger Punkt, in dem $T=0$ ist, ebenso zwischen (7) und (9) u. s. w., und man sieht leicht ein, dass derartige Punkte zwischen (3) und (5) in beiden Umfängen um so näher an einander liegen müssen, je weniger der Radius des grösseren Kreises vom Radius R verschieden ist. Dasselbe findet auch statt, wenn der Kreis mit einem Radius beschrieben wird, der etwas kleiner als R, aber doch grösser als $S\sqrt{2}$ und 1 ist. Hieraus erkennt man sofort, dass der Umfang des mit dem Radius R beschriebenen Kreises in demjenigen Punkte zwischen (3) und (5), in welchem $T=0$ ist, von einem Zweige der ersten Linie auch wirklich geschnitten werde; dasselbe gilt von den übrigen Punkten, in denen $T=0$ ist. Ebenso ist es einleuchtend, dass der Umfang dieses Kreises in allen $2m$ Punkten, in denen $U=0$ ist, von irgend einem Zweige der zweiten Linie geschnitten werde. Diese Resultate können auch folgendermaassen ausgedrückt werden: Beschreibt man einen Kreis von hinlänglicher Grösse um das Centrum C, so treten $2m$ Zweige der ersten Linie und ebensoviele Zweige der zweiten Linie in denselben ein, und zwar so, dass je zwei benachbarte Zweige der ersten Linie durch einen Zweig der zweiten Linie von einander getrennt werden. Vergl. Fig. 2, wo der Kreis schon nicht mehr von unendlicher, sondern von endlicher Grösse wird; die den einzelnen Zweigen beigefügten Zahlen dürfen nicht mit denjenigen verwechselt werden, durch welche ich im vorhergehenden und in diesem Paragraphen der Kürze halber gewisse Grenzpunkte auf dem Umfange bezeichnet habe.

21.

Nun lässt sich aus der gegenseitigen Lage der in den Kreis eintretenden Zweige der Schluss, dass innerhalb des Kreises ein Schnitt eines Zweiges der ersten mit einem Zweige der zweiten Linie vorhanden sein müsse, auf so viel verschiedene Arten ziehen, dass ich fast nicht weiss, welche Methode an erster Stelle vor den übrigen zu bevorzugen sei. Die folgende scheint mir am einleuchtendsten zu sein: Wir bezeichnen (Fig. 2) denjenigen Punkt des Kreisumfanges, in welchem derselbe von der linken Seite der Axe geschnitten wird (die Axe selbst ist einer der $2m$ Zweige der ersten Linie), mit 0; den benachbarten Punkt, in dem ein Zweig der zweiten Linie eintritt, mit 1; den diesem benachbarten Punkt, in dem der zweite Zweig der ersten Linie eintritt, mit 2, u. s. f. bis zu $4m-1$; in jedem mit gerader Zahl bezeichneten Punkte tritt also ein Zweig der zweiten Linie in den Kreis ein, dagegen in allen durch eine ungerade Zahl bezeichneten ein Zweig der ersten Linie. Nun ist aus der höheren Geometrie bekannt, dass jede algebraische Curve (oder jeder einzelne Theil einer algebraischen Curve, wenn dieselbe zufällig aus mehreren zusammengesetzt ist) entweder in sich zurückläuft, oder nach beiden Seiten ins Unendliche ausläuft, und dass also, wenn ein Zweig einer algebraischen Curve in einen begrenzten Raum eintritt, er nothwendig aus demselben wieder heraustreten muss.*) Hieraus schliesst man leicht, dass jeder durch eine gerade Zahl bezeichnete Punkt, oder kürzer **jeder gerade Punkt** mit einem anderen geraden Punkte durch einen, innerhalb des Kreises verlaufenden Zweig der ersten Linie verbunden sein muss, und in gleicher Weise jeder durch eine ungerade Zahl bezeichnete Punkt mit einem anderen ähnlichen Punkte durch einen Zweig der zweiten Linie. Obschon nun diese Verbindung von je zwei Punkten je nach der Natur der Function X überaus

---

*) Wie mir scheint, ist es wohl hinreichend sicher bewiesen, dass eine algebraische Curve weder plötzlich irgendwo abbricht (wie dies z. B. bei der transcendenten Curve geschieht, deren Gleichung $y = \dfrac{1}{\log x}$ ist), noch sich nach unendlich vielen Umläufen gewissermaassen in einem Punkte verlieren kann (wie die logarithmische Spirale); und soviel ich weiss, hat Niemand hiergegen einen Zweifel vorgebracht. Doch werde ich, wenn es Jemand fordert, bei anderer Gelegenheit unternehmen, einen keinem Zweifel unterworfenen Beweis zu liefern. Im gegenwärtigen Falle ist es übrigens offenbar, dass, wenn ein Zweig, z. B. 2 nirgends aus dem Kreise austreten würde (Fig. 3), man zwischen 0 und 2 in den Kreis eintreten, dann um diesen ganzen Zweig, der sich ja in der Kreisfläche verlieren muss, herumgehen und endlich zwischen 2 und 4 wieder aus dem Kreise austreten könnte, ohne auf dem ganzen Wege irgendwo auf die erste Linie zu treffen. Dies ist aber offenbar widersinnig, weil man in dem Punkte, in welchem man in den Kreis eintrat, die erste Oberfläche über sich hat, beim Austritte dagegen unter sich; deshalb musste man irgendwo auf die erste Oberfläche treffen, d. h. also auf einen Punkt der ersten Linie. — Uebrigens folgt aus diesem Schlusse, der sich auf die Principien der Geometrie der Lage stützt, welche nicht minder beweiskräftig sind als die Principien der Geometrie der Grössen, lediglich, dass, wenn man auf einem Zweige der ersten Linie in den Kreis eintritt, man ihn an einer anderen Stelle verlassen kann, indem man immer auf der ersten Linie bleibt, aber nicht, dass der Weg eine stetige Linie in dem Sinne sei, welcher in der höheren Geometrie gilt. Allein hier reicht es aus, dass der Weg eine stetige Linie im allgemeinen Sinne, d. h. nirgends unterbrochen, sondern überall zusammenhängend sei.

verschieden sein kann, so dass sie sich für den allgemeinen Fall nicht bestimmen lässt, so ist es doch leicht zu zeigen, dass, wie jene Verbindung auch sein möge, stets ein Schnitt der ersten mit der zweiten Linie entstehen wird.

22.

Der Beweis dieser Nothwendigkeit lässt sich am besten auf indirectem Wege führen. Wir wollen nämlich annehmen, dass der Zusammenhang von je zweien aller geraden Punkte und von je zweien aller ungeraden Punkte so angeordnet werden könne, dass dabei kein Schnitt eines Zweiges der ersten mit einem solchen der zweiten Linie entsteht. Da die Axe ein Theil der ersten Linie ist, so wird offenbar der Punkt 0 mit dem Punkte $2m$ verbunden sein. Der Punkt 1 kann also mit keinem jenseits der Axe gelegenen Punkte verbunden sein, d. h. mit keinem, der durch eine höhere Zahl als $2m$ bezeichnet ist, da sonst die Verbindungslinie nothwendigerweise die Axe schneiden würde. Setzen wir also voraus, dass 1 mit dem Punkte n verbunden sei, so wird $n < 2m$ sein. In ähnlicher Weise folgt aus der Annahme, dass 2 mit n' verbunden sei, $n' < n$, weil sonst der Zweig $2 \ldots n'$ nothwendigerweise den Zweig $1 \ldots n$ schneiden müsste. Aus demselben Grunde wird 3 mit einem zwischen 4 und n' liegenden Punkte verbunden sein, und es ist klar, dass, wenn man voraussetzt, 3, 4, 5, $\ldots$ seien mit n'', n''', n'''', $\ldots$ verbunden, dass n''' zwischen 5 und n'' liegt, n'''' zwischen 6 und n''', u. s. f. Daraus ist es ersichtlich, dass man endlich zu einem Punkte h kommen wird, der mit dem Punkte $h+2$ verbunden ist. Dann muss der Zweig, der im Punkte $h+1$ in den Kreis eintritt, nothwendig den die Punkte h und $h+2$ verbindenden Zweig schneiden. Da aber der eine dieser beiden Zweige zur ersten, der andere zur zweiten Linie gehört, so folgt daraus, dass die Voraussetzung widersinnig ist, und dass also nothwendig irgendwo ein Schnitt der ersten mit der zweiten Linie stattfindet.

Verbindet man dieses Resultat mit den vorhergehenden, so ergiebt sich aus allen den dargelegten Untersuchungen der strenge Beweis des Satzes, **dass jede ganze rationale algebraische Function einer Unbestimmten in reelle Factoren ersten oder zweiten Grades zerlegt werden könne.**

23.

Es ist übrigens nicht schwer, von denselben Grundlagen aus herzuleiten, dass es nicht allein einen, sondern mindestens m Schnitte der ersten mit der zweiten Linie giebt, obwohl es auch möglich ist, dass die erste Linie von mehreren Zweigen der zweiten Linie in demselben Punkte geschnitten wird; in diesem Falle wird die Function X mehrere gleiche Factoren besitzen. Doch da es hier genügt, die Nothwendigkeit des einmaligen Schneidens bewiesen zu haben, so verweile ich der Kürze halber nicht ausführlicher bei dieser Sache. Aus demselben Grunde verfolge ich auch hier nicht eingehender noch andere Eigenschaften dieser Linien, wie z. B. dass der Schnitt stets unter rechten Winkeln stattfindet; oder dass, wenn mehrere Züge beider Curven in demselben Punkte zusammentreffen, ebensoviel Züge der ersten wie der zweiten Linie vorhanden sein werden; dass diese abwechselnd gelegen sind; dass sie sich unter gleichen Winkeln schneiden u. s. w.

Endlich bemerke ich, dass es durchaus nicht unmöglich ist, den vorhergehenden Beweis, welchen ich hier auf geometrische Principien aufgebaut habe, auch in rein analytischer Form zu geben; doch ich glaubte, dass die Darstellung, welche ich hier entwickelt habe, weniger abstract werden, und dass der wahre Nerv des Beweises hier viel klarer vor Augen treten würde, als sich dies bei einem analytischen Beweise erwarten liess.

Zum Schluss will ich noch eine andere Beweismethode für unser Theorem andeuten, welche auf den ersten Blick nicht allein von dem vorhergehenden Beweise, sondern auch von allen übrigen oben erwähnten Beweisen vollkommen verschieden zu sein scheint, welche aber, nichts desto weniger im wesentlichen mit der *d'Alembert*'schen übereinstimmt. Den Kundigen empfehle ich, diese mit jener zu vergleichen und den Parallelismus zwischen beiden klarzustellen; denn in Rücksicht auf sie ist der Beweis einzig hinzugefügt.

24.

Ich nehme an, dass die erste und die zweite Oberfläche genau so wie oben über der Ebene der Figur 4, bezogen auf die Axe CG und den festen Punkt C, beschrieben seien. Man nehme irgend einen Punkt in einem Zweige der ersten Linie, d. h. ein solchen Punkt, in dem $T=0$ ist (z. B. irgend einen auf der Axe gelegenen Punkt), und schreite, falls in demselben nicht auch $U = 0$ ist, von diesem Punkte auf der ersten Linie nach derjenigen Richtung fort, in welcher die absolute Grösse von U abnimmt. Wenn zufällig im Punkte M die absolute Grösse von U nach beiden Seiten hin abnehmen sollte, dann ist es gleichgültig, nach welcher Seite man fortschreitet; was aber zu thun sei, wenn U nach beiden Seiten hin wächst, werde ich sogleich angeben. Es ist offenbar, dass, wenn man immer auf der ersten Linie fortschreitet, man an einen Punkt wird kommen müssen, wo $U = 0$ ist, oder an einen solchen, in dem der Werth von U ein Minimum wird; dies sei z. B. der Punkt N. Im ersten Falle hat man erreicht, was gefordert wurde; im zweiten lässt sich zeigen, dass sich in diesem Punkte mehrere Zweige der ersten Linie schneiden, und zwar eine gerade Anzahl von Zweigen, von denen die Hälfte so beschaffen ist, dass, wenn man in einen derselben nach einer beliebigen Seite hin abbiegt, der Werth von U noch weiter abnimmt. (Da der Beweis dieses Satzes eher weitläufig als schwierig ist, muss ich ihn der Kürze halber unterdrücken.) In diesem Zweige kann man wiederum fortschreiten, bis U entweder $= 0$ wird, (wie dies in Figur 4 bei P eintrifft), oder von neuem ein Minimum. Dann wird man wieder abbiegen, und so muss man endlich zu einem Punkte kommen, in welchem $U = 0$ ist.

Gegen diesen Beweis könnte der Zweifel erhoben werden, ob es nicht möglich sei, dass, wie weit man auch fortschreitet, und obwohl der Werth von U beständig abnimmt, doch die Abnahme beständig schwächer wird, und jener Werth gleichwohl keine Grenze erreicht; dieser Einwurf würde dem vierten, in § 6 gemachten entsprechen. Aber es würde nicht schwer sein, eine Grenze anzugeben, nach deren Ueberschreiten der Werth von U immer stärkere Aenderungen erfährt und nicht weiter abnehmen kann, so dass der Werth 0 erreicht sein muss, bevor man jene Grenze erreicht. Aber dies, sowie das Uebrige, was ich in diesem Beweise nur andeuten konnte, behalte ich mir zu ausführlicher Auseinandersetzung für eine andere Gelegenheit vor.

Die Grundzüge dieses Beweises entdeckte ich zu Beginn des Oct. 1797.

Zweiter neuer Beweis des Satzes,

dass jede algebraische rationale ganze Function einer Veränderlichen in reelle Factoren des ersten oder zweiten Grades zerlegt werden kann

von

C. F. Gauss.

1.

Obgleich der Beweis des Satzes über die Zerlegung der ganzen algebraischen Functionen in Factoren, welchen ich in einer vor 16 Jahren veröffentlichten Abhandlung gegeben habe, in Anbetracht der Strenge wie der Einfachheit wohl nichts zu wünschen übrig lässt, so wird es den Mathematikern hoffentlich doch nicht unerwünscht sein, wenn ich mich von neuem zu dieser überaus wichtigen Frage wende und von vollständig verschiedenen Principien aus einen zweiten nicht minder strengen Beweis aufzubauen unternehme. Jener erste Beweis hängt nämlich wenigstens zum Theil von geometrischen Betrachtungen ab, während derjenige, den ich hier auseinanderzusetzen beginne, auf rein analytischen Principien beruhen wird. Die bedeutsameren analytischen Methoden, durch welche andere Mathematiker wenigstens bis zu jener Zeit hin unseren Lehrsatz zu beweisen unternommen haben, habe ich a. a. O. besprochen und ausführlich dargelegt, an welchen Mängeln sie leiden. Der schwerwiegendste und wahrhaft fundamentale Mangel derselben ist allen jenen Versuchen, ebenso wie den neueren, soweit mir dieselben bekannt geworden sind, gemeinsam; ich habe aber schon damals erklärt, derselbe erscheine bei einem analytischen Beweise durchaus nicht unvermeidbar. Sachkenner mögen beurtheilen, ob ich das damals gegebene Versprechen durch diese neuen Forschungen völlig ausgelöst habe.

2.

Dem Hauptthema sollen einige einleitende Untersuchungen vorausgeschickt werden, einmal, damit eine jede Lücke vermieden werde, dann, weil eine eigenartige Behandlung vielleicht auch auf dasjenige, was von Anderen entnommen ist, ein neues Licht wird werfen können. Zuerst soll von dem grössten gemeinsamen Theiler zweier algebraischer ganzer Functionen einer Veränderlichen die Rede sein. Zuvor erinnere ich daran, dass es sich hier stets nur um ganze Functionen handelt; wird aus zwei solchen ein Product gebildet, so heisst eine jede ein Theiler desselben. Die Ordnung des Theilers wird durch den Exponenten der höchsten auftretenden Potenz der Veränderlichen bestimmt, ohne dass irgend welche Rücksicht auf die numerischen Coefficienten genommen wird. Was sich übrigens auf die gemeinsamen Theiler der Functionen bezieht, kann um so kürzer abgethan werden, als es durchaus demjenigen entspricht, was bei den gemeinsamen Theilern von Zahlen gilt.

Sind zwei Functionen Y, Y' der Unbestimmten x gegeben, deren erste von höherer oder wenigstens nicht von niedrigerer Ordnung als die zweite ist, so bilden wir die folgenden Gleichungen

$$Y = qY' + Y'', \; Y' = q'Y'' + Y''', \; Y'' = q''Y''' + Y'''', \ldots$$
$$Y^{(\mu-1)} = q^{(\mu-1)} Y^{(\mu)}$$

dem Gesetze gemäss, dass zunächst Y in bekannter Weise durch Y' dividirt wird, dann Y' durch den Rest Y'' der ersten Division, welcher von niedrigerer Ordnung sein wird als Y'; dann weiter der erste Rest durch den zweiten Y''' u. s. f., bis man zu einer Division ohne Rest gelangt; dass dies endlich eintreten muss, erhellt daraus, dass die Ordnung der Functionen Y', Y'', Y''', ... beständig abnimmt. Dass diese Functionen ebenso wie die Quotienten q, q', q'', ... ganze Functionen von x seien, braucht kaum erwähnt zu werden. Hiernach ist klar:

I. Geht man von der letzten dieser Gleichungen zur ersten zurück, so ist die Function $Y^{(\mu)}$ Theiler der einzelnen vorhergehenden und also sicher gemeinsamer Theiler von Y, Y'.

II. Geht man von der ersten Gleichung zur letzten, so leuchtet es ein, dass jeder gemeinsame Theiler der Functionen Y, Y' auch die einzelnen darauf folgenden und somit auch die letzte $Y^{(\mu)}$ theilt. Folglich können die Functionen Y, Y' keinen anderen gemeinsamen Theiler höherer Ordnung haben als $Y^{(\mu)}$, und jeder gemeinsame Theiler derselben Ordnung wie $Y^{(\mu)}$ steht zu diesem in einem Zahlenverhältnisse, so dass $Y^{(\mu)}$ selbst als grösster gemeinsamer Theiler betrachtet werden kann.

III. Wenn $Y^{(\mu)}$ von der Ordnung 0, d. h. eine Zahl ist, dann kann keine Function der Unbestimmten x im engeren Sinne die Functionen Y, Y' theilen: in diesem Falle muss man also sagen, dass diese Functionen keinen gemeinsamen Theiler besitzen.

IV. Wir greifen aus unseren Gleichungen die vorletzte heraus; dann eliminiren wir aus ihr $Y^{(\mu-1)}$ mit Hülfe der drittletzten, dann wiederum $Y^{(\mu-2)}$ mit Hülfe der vorhergehenden Gleichung u. s. w. Hieraus ergiebt sich

$$Y^{(\mu)} = + k\, Y^{(\mu-2)} - k'\, Y^{(\mu-1)}$$
$$= - k'\, Y^{(\mu-3)} + k''\, Y^{(\mu-2)}$$
$$= + k''\, Y^{(\mu-4)} - k'''\, Y^{(\mu-3)}$$
$$= - k'''\, Y^{(\mu-5)} + k''''\, Y^{(\mu-4)} = \ldots,$$

falls man die Functionen k nach folgendem Gesetze bildet

$$k = 1,\; k' = q^{(\mu-2)},\; k'' = q^{(\mu-3)} k' + k,\; k''' = q^{(\mu-4)} k'' + k',$$
$$k'''' = q^{(\mu-5)} k''' + k'', \ldots$$

Daher wird

$$\pm k^{(\mu-2)} Y \mp k^{(\mu-1)} Y' = Y^{(\mu)},$$

wo die oberen Zeichen für ein gerades, die unteren für ein ungerades μ gelten. In dem Falle also, in welchem Y und Y' keinen gemeinsamen Theiler besitzen, kann man auf die angegebene Weise zwei Functionen Z, Z' der Unbestimmten x auffinden, so dass man hat

$$Z Y + Z' Y' = 1.$$

V. Dieser Satz kann offenbar auch umgekehrt werden, nämlich so, dass, wenn man der Gleichung

$$ZY + Z' Y' = 1$$

durch ganze Functionen Z, Z' der Unbestimmten x genügen kann, Y und Y' einen gemeinsamen Theiler sicher nicht haben können.

3.

Die zweite Voruntersuchung soll sich auf die Transformation der symmetrischen Functionen beziehen. Es mögen $a, b, c, \ldots$ unbestimmte Grössen sein, deren Zahl m ist; wir bezeichnen mit λ' die Summe derselben, mit λ'' die Summe aus den Producten von je zweien, mit λ''' die Summe aus den Producten von je dreien u. s. f., so dass aus der Entwicklung des Productes

$$(x-a)(x-b)(x-c)\ldots$$

entstehen möge

$$x^m - \lambda' x^{m-1} + \lambda'' x^{m-2} - \lambda''' x^{m-3} + \ldots$$

Die λ', λ'', λ''', ... sind also symmetrische Functionen der Unbestimmten $a, b, c, \ldots$ d. h. solche, in welchen diese Unbestimmten in derselben Weise vorkommen, oder deutlicher, solche, welche durch irgend welche Permutationen dieser Unbestimmten unter einander nicht geändert werden. Allgemeiner wird offenbar jede ganze Function von λ', λ'', λ''', ..., (möge sie nun diese Unbestimmten allein enthalten, oder noch andere von $a, b, c, \ldots$ unabhängige Grössen einschliessen) eine ganze symmetrische Function der Unbestimmten $a, b, c, \ldots$.

4.

Die Umkehrung dieses Satzes ist bei weitem weniger naheliegend. Es sei ϱ eine symmetrische Function der Unbestimmten $a, b, c, \ldots$, welche also aus einer gewissen Anzahl von Gliedern der Form

$$M a^\alpha b^\beta c^\gamma \ldots$$

besteht, wobei $\alpha, \beta, \gamma, \ldots$ ganze nicht negative Zahlen bedeuten, und M einen Coefficienten, der entweder einen festen oder wenigstens, wenn die Function ϱ ausser den Unbestimmten $a, b, c, \ldots$ zufällig noch andere derartige enthält, einen von $a, b, c, \ldots$ unabhängigen Werth hat. Vor allem setzen wir eine bestimmte Ordnung unter diesen einzelnen Gliedern fest, und nehmen hierzu zunächst für die Unbestimmten $a, b, c, \ldots$ selbst eine, an und für sich vollkommen willkürliche Ordnung an, so dass z. B. a die erste Stelle einnimmt, b die zweite, c die dritte u. s. w. Dann theilen wir dem ersten der beiden Glieder

$$M a^\alpha b^\beta c^\gamma \ldots \text{ und } M a^{\alpha'} b^{\beta'} c^{\gamma'} \ldots$$

eine höhere Ordnung zu als dem zweiten, wenn entweder $\alpha > \alpha'$, oder $\alpha = \alpha'$ und $\beta > \beta'$, oder $\alpha = \alpha'$, $\beta = \beta'$ und $\gamma > \gamma'$, oder ... ist, d. h. wenn die erste nicht verschwindende Differenz der Reihe $\alpha - \alpha'$, $\beta - \beta'$, $\gamma - \gamma'$, ... positiv ausfällt. Weil ferner die Glieder gleicher Ordnung nur hinsichtlich des Coefficienten M sich unterscheiden und also zu einem Gliede zusammengezogen werden können, so wollen wir annehmen, dass die einzelnen Glieder der Function ϱ zu verschiedenen Ordnungen gehören.

Jetzt beachten wir, dass, wenn $M a^\alpha b^\beta c^\gamma \ldots$ unter allen Gliedern der Function ϱ dasjenige der höchsten Ordnung ist, α nothwendigerweise grösser oder doch wenigstens nicht kleiner wird als β. Denn wenn $\beta > \alpha$ wäre, dann würde das Glied $M a^\beta b^\alpha c^\gamma \ldots$, welches ϱ als symmetrische Function gleichfalls enthalten muss, gegen die Voraussetzung von höherer Ordnung sein als $M a^\alpha b^\beta c^\gamma \ldots$ Ebenso wird β grösser oder wenigstens nicht kleiner sein als γ, ferner γ nicht kleiner als der folgende Exponent δ u. s. w.; somit werden die einzelnen Differenzen $\alpha - \beta, \beta - \gamma, \beta - \delta, \ldots$ ganze nicht negative Zahlen.

An zweiter Stelle erwägen wir, dass, wenn aus irgend einer Anzahl von ganzen Functionen der Unbestimmten $a, b, c, \ldots$ ein Product gebildet wird, das höchste Glied desselben gleich dem Producte aus den höchsten Gliedern jener Factoren sein muss. Ebenso klar ist es, dass die höchsten Glieder der Functionen $\lambda', \lambda'', \lambda''', \ldots$ bezw. $a, ab, abc, \ldots$ sind. Hieraus folgt, dass das höchste in dem Producte

$$p = M \lambda'^{\alpha-\beta} \lambda''^{\beta-\gamma} \lambda'''^{\gamma-\delta} \ldots$$

vorkommende Glied $M a^\alpha b^\beta c^\gamma \ldots$ ist; wenn man also $\varrho - p = \varrho'$ setzt, so wird das höchste Glied der Function ϱ' sicher von niedrigerer Ordnung werden als das höchste Glied der Function ϱ. Offenbar werden aber p und folglich auch ϱ' ganze symmetrische Functionen von $a, b, c, \ldots$ Wenn man also ϱ' auf gleiche Weise behandelt wie vorher ϱ, dann wird es in $p' + \varrho''$ zerlegt, so dass p' ein Product aus Potenzen von $\lambda', \lambda'', \lambda''', \ldots$ wird mit einem entweder fest bestimmten oder doch wenigstens von $a, b, c, \ldots$ unabhängigen Coefficienten, ϱ'' dagegen eine ganze symmetrische Function von $a, b, c, \ldots$ derart, dass ihr höchstes Glied zu einer niedrigeren Ordnung gehört, als das höchste Glied der Function ϱ'. Fährt man in gleicher Weise fort, dann wird ϱ schliesslich auf die Form $p + p' + p'' + p''' + \ldots$ gebracht, d. h. es wird in eine ganze Function von $\lambda', \lambda'', \lambda''', \ldots$ transformirt sein.

5.

Den im vorigen Artikel bewiesenen Satz können wir auch so ausdrücken: Ist irgend eine ganze symmetrische Function ϱ der Unbestimmten $a, b, c, \ldots$ vorgelegt, so kann eine ganze Function von ebenso vielen Unbestimmten $l', l'', l''', \ldots$ angegeben werden, derart, dass dieselbe durch die Substitutionen $l' = \lambda'$, $l'' = \lambda''$, $l''' = \lambda''',\ldots$ in ϱ übergeht. Zudem lässt sich leicht zeigen, dass dies nur auf eine einzige Art geschehen kann. Nehmen wir nämlich an, dass aus zwei verschiedenen Functionen der Unbestimmten l', l'', $l''',\ldots$ z. B. sowohl aus r als aus r' nach den Substitutionen $l' = \lambda'$, $l'' = \lambda''$, $l''' = \lambda''',\ldots$ dieselbe Function von a, b, c, $\ldots$ hervorgehe, dann würde $r - r'$ eine Function von l', l'', l''', $\ldots$ sein, welche für sich nicht verschwindet, welche aber nach jenen Substitutionen identisch gleich Null wird. Dass dies jedoch widersinnig sei, erkennen wir leicht, wenn wir bedenken, dass $r - r'$ aus einer gewissen Anzahl von Theilen der Form

$$M\, l'^{\alpha}\, l''^{\beta}\, l'''^{\gamma}\ldots$$

zusammengesetzt sein muss, deren Coefficienten M nicht verschwinden, und welche einzeln hinsichtlich der Exponenten unter einander verschieden sind, und dass also die höchsten Glieder, welche aus diesen einzelnen Theilen hervorgehen, durch

$$M\, a^{\alpha+\beta+\gamma+\cdots}\, b^{\beta+\gamma+\cdots}\, c^{\gamma+\cdots}$$

gegeben werden. Diese besitzen also verschiedene Ordnungen, so dass das absolut höchste Glied auf keine Weise zerstört werden kann.

Die wirkliche Rechnung bei derartigen Transformationen lässt sich übrigens durch mancherlei Abkürzungen wesentlich vereinfachen; wir verweilen jedoch hier nicht dabei, weil für unseren Zweck schon die blosse Möglichkeit der Transformation ausreicht.

6.

Wir wollen nun das Product aus $m(m-1)$ Factoren

$$\begin{aligned}&(a-b)\,(a-c)\,(a-d)\ldots\\ \times\ &(b-a)\,(b-c)\,(b-d)\ldots\\ \times\ &(c-a)\,(c-b)\,(c-d)\ldots\\ \times\ &(d-a)\,(d-b)\,(d-c)\ldots\times\ldots\end{aligned}$$

betrachten; wir bezeichnen es durch π, und nehmen an, da es die Unbestimmten a, b, c, $\ldots$ symmetrisch enthält, dass es auf die Form einer Function von λ', λ'', $\lambda''',\ldots$ gebracht sei. Diese Function möge in p übergehen, wenn l', l'', $l''',\ldots$ an Stelle von λ', λ'', $\lambda''',\ldots$ eingesetzt werden. Nachdem dies geschehen ist, nennen wir p die **Determinante** der Function

$$y = x^m - l' x^{m-1} + l'' x^{m-2} - l''' x^{m-3} + \ldots$$

So haben wir z. B. für $m = 2$

$$p = - l'^2 + 4 l'';$$

ebenso wird für $m = 3$ gefunden

$$p = - l'^2 l''^2 + 4 l'^3 l''' + 4 l''^3 - 18 l' l'' l''' + 27 l'''^2.$$

Die Determinante der Function y ist also diejenige Function der Coefficienten l', l'', l''', ..., welche durch die Substitution $l' = \lambda'$, $l'' = \lambda''$, $l''' = \lambda'''$, ... in das Product aus allen Differenzen je zweier der Grössen $a, b, c, \ldots$ übergeht. In dem Falle, dass $m = 1$ ist, dass man also nur eine einzige Unbestimmte a hat, und dass also gar keine Differenzen vorhanden sind, erscheint es geeignet, die Zahl 1 als Determinante der Function y anzunehmen.

Bei der Festsetzung des Begriffes der Determinante war es nothwendig, die Coefficienten der Function y als unbestimmte Grössen anzusehen. Die Determinante einer Function mit bestimmten Coefficienten

$$Y = x^m - L' x^{m-1} + L'' x^{m-2} - L''' x^{m-3} + \ldots$$

wird eine bestimmte Zahl P sein, nämlich der Werth der Function p für $l' = L'$, $l'' = L''$, $l''' = L'''$, ... Wenn wir also voraussetzen, dass Y in Linearfactoren zerlegt werden kann

$$Y = (x - A)(x - B)(x - C) \ldots$$

oder dass Y aus

$$v = (x - a)(x - b)(x - c) \ldots$$

entsteht, indem man $a = A$, $b = B$, $c = C$, ... setzt, und dass durch dieselben Substitutionen λ', λ'', λ''', ... bezw. in L', L'', L''', ... übergehen, dann wird P offenbar gleich dem Producte aus den Factoren

$$\begin{aligned}
& (A - B)(A - C)(A - D) \ldots \\
\times\ & (B - A)(B - C)(B - D) \ldots \\
\times\ & (C - A)(C - B)(C - C) \ldots \\
\times\ & (D - A)(D - B)(D - D) \ldots \times \ldots
\end{aligned}$$

Es ist also klar, dass wenn $P = 0$ wird, mindestens zwei der Grössen $A, B, C, \ldots$ einander gleich werden; wenn dagegen P nicht gleich 0 ist, müssen alle Grössen $A, B, C, \ldots$ ungleich sein. Wir bemerken nun, dass, wenn wir $\dfrac{dY}{dx} = Y'$, oder

$$Y'' = mx^{m-1} - (m-1)L'x^{m-2} + (m-2)L''x^{m-3} - (m-3)L'''x^{m-4} + \ldots$$

setzen, dann herauskommt

$$\begin{aligned}Y'' =\ & (x-B)(x-C)(x-D)\ldots \\ +\ & (x-A)(x-C)(x-D)\ldots \\ +\ & (x-A)(x-B)(x-D)\ldots \\ +\ & (x-A)(x-B)(x-C)\ldots + \ldots\end{aligned}$$

Wenn daher zwei von den Grössen $A, B, C, \ldots$ einander gleich sind, z. B. A und B, dann wird Y' durch $x-A$ theilbar sein, und Y und Y'' besitzen den gemeinsamen Theiler $x-A$. Wenn wir umgekehrt voraussetzen, dass Y'' mit Y irgend welchen gemeinsamen Theiler besitzt, dann muss Y'' einen der Linearfactoren $x-A, x-B, x-C, \ldots$ enthalten, z. B. den ersten $x-A$, was sicher nicht geschehen kann, wenn A nicht einer der übrigen Grössen $B, C, D, \ldots$ gleich gewesen wäre. Hieraus folgern wir also die beiden **Lehrsätze**:

I. **Wenn die Determinante der Function Y gleich 0 wird, dann hat Y mit Y'' sicher einen gemeinsamen Theiler, und wenn also Y und Y'' keinen gemeinsamen Theiler haben, dann kann die Determinante der Function Y nicht $=0$ sein.**

II. **Wenn die Determinante der Function Y nicht $=0$ ist, können Y und Y' sicher keinen gemeinsamen Theiler besitzen; oder: wenn Y und Y'' einen gemeinsamen Theiler haben, muss die Determinante der Function Y gleich 0 sein.**

.7.

Es ist aber wohl zu beachten, dass die ganze Stärke dieses so einfachen Beweises auf der Annahme beruht, dass die Function Y in Linearfactoren zerlegt werden könne. Diese Annahme selbst ist aber, wenigstens an diesem Orte, an welchem es sich um den allgemeinen Beweis dieser Zerlegbarkeit handelt, nichts als eine Petitio principii. Und gleichwohl haben sich vor durchaus ähnlichen Schlüssen nicht Alle gehütet, welche analytische Beweise unseres Haupt-Theorems versucht haben. Den Ursprung solchen augenfälligen Irrthums kann man schon im Titel dieser Untersuchungen selbst erkennen, da Alle nur die **Form** der Gleichungswurzeln untersucht haben, während die unbesonnen vorausgesetzte **Existenz** derselben hätte bewiesen werden müssen. Doch über eine solche Art des Vorgehens, welche gar zu wenig mit Strenge und Klarheit im Einklange steht, haben wir in der oben erwähnten Abhandlung schon hinlänglich gesprochen. Deshalb wollen wir nunmehr die Sätze des vorhergehenden Paragraphen, deren einen Theil wenigstens wir für unseren Zweck durchaus brauchen, auf sicherer Grundlage aufbauen; mit dem zweiten, dem leichteren, beginnen wir.

8.

Wir wollen mit ϱ die Function

$$\frac{\pi(x-b)(x-c)(x-d)\ldots}{(a-b)^2(a-c)^2(a-d)^2\ldots}$$
$$+\frac{\pi(x-a)(x-c)(x-d)\ldots}{(b-a)^2(b-c)^2(b-d)^2\ldots}$$
$$+\frac{\pi(x-a)(x-b)(x-d)\ldots}{(c-a)^2(c-b)^2(c-d)^2\ldots}$$
$$+\frac{\pi(x-a)(x-b)(x-c)\ldots}{(d-a)^2(d-b)^2(d-c)^2\ldots}+\ldots$$

bezeichnen, welche, da ja π durch die einzelnen Nenner theilbar ist, eine ganze Function der Unbestimmten $x, a, b, c, \ldots$ wird. Wir setzen ferner $\frac{dv}{dx} = v'$, so dass sich ergiebt

$$\begin{aligned}v' =\ & (x-b)(x-c)(x-d)\ldots\\ &+(x-a)(x-c)(x-d)\ldots\\ &+(x-a)(x-b)(x-d)\ldots\\ &+(x-a)(x-b)(x-c)\ldots+\ldots\end{aligned}$$

Für $x = a$ wird offenbar $\varrho \cdot v' = \pi$, und daraus schliessen wir, dass die Function $\pi - \varrho v'$ durch $x-a$, ebenso durch $x-b$, $x-c, \ldots$ und also auch durch das Product v unbestimmt theilbar sei. Setzen wir also

$$\frac{\pi - \varrho v'}{v} = \sigma,$$

so wird σ eine ganze Function der Unbestimmten $x, a, b, c, \ldots$ und zwar, ebenso wie ϱ, symmetrisch in den Unbestimmten $a, b, c, \ldots$ Es können also zwei ganze Functionen r, s der Unbestimmten $x, l', l'', l''', \ldots$ gefunden werden, so dass dieselben durch die Substitutionen $l' = \lambda', l'' = \lambda'', l''' = \lambda''', \ldots$ bezw. in ϱ, σ übergehen. Wenn wir also, der Analogie folgend, die Function

$$mx^{m-1} - (m-1)l'x^{m-2} + (m-2)l''x^{m-3} - (m-3)l'''x^{m-4} + \ldots$$

d. h. den Differentialquotienten $\frac{dy}{dx}$ mit y' bezeichnen, so dass y' auch durch jene Substitutionen in v' übergeht, dann geht offenbar $p - sy - ry'$ durch dieselben Substitutionen in $\pi - \sigma v - \varrho v'$ d. h. in 0 über, und muss also für sich identisch verschwinden (§ 5). Wir haben folglich die identische Gleichung

$$p = sy + ry'.$$

Setzen wir demnach voraus, durch die Substitution $l' = L'$, $l'' = L''$, $l''' = L'''$, ... entstehe $r = R$, $s = S$, so wird auch identisch

$$P = SY + RY'$$

werden; und da S, R ganze Functionen von x sind, und P eine bestimmte Grösse oder eine Zahl ist, so folgt leicht, dass Y und Y' keinen gemeinsamen Theiler haben können, ausser wenn $P = 0$ ist. Dies ist gerade der zweite Satz aus § 6.

9.

Den Beweis des ersten Satzes wollen wir so führen, dass wir zeigen, es könne, wenn Y und Y' keinen gemeinsamen Theiler haben, P sicher nicht $= 0$ sein. Zu diesem Zwecke bestimmen wir nach den Vorschriften des § 2 zwei ganze Functionen der Unbestimmten x etwa $f(x)$ und $\varphi(x)$ so, dass die identische Gleichung

$$f(x).Y + \varphi(x).Y' = 1$$

besteht; diese können wir auch so darstellen

$$f(x).v + \varphi(x).v' = 1 + fx.(v - Y) + \varphi x . \frac{d(v - Y)}{dx},$$

oder, da wir ja haben

$$v' = (x-b)(x-c)(x-d)\ldots + (x-a)\frac{d[(x-b)(x-c)(x-d)\ldots]}{dx},$$

in der Form

$$\varphi(x).(x-b)(x-c)(x-d)\ldots + \varphi(x).(x-a)\frac{d[(x-b)(x-c)(x-d)\ldots]}{dx}$$

$$+ f(x).(x-a)(x-b)(x-c)(x-d)\ldots = 1 + f(x).(v-Y) + \varphi(x).\frac{d(v-Y)}{dx}.$$

Der Kürze wegen wollen wir den Ausdruck

$$f(x).(y - Y) + \varphi(x).\frac{d(y-Y)}{dx},$$

welcher eine ganze Function der Unbestimmten $x, l', l'', l''', \ldots$ ist, durch
$$F(x, l', l'', l''', \ldots)$$
bezeichnen; dadurch wird identisch
$$1 + f(x).(v - Y) + \varphi(x).\frac{d(v-Y)}{dx} = 1 + F(x, \lambda', \lambda'', \lambda''', \ldots),$$
und wir haben daher die identischen Gleichungen

(1) $\quad\begin{aligned}\varphi(a).(a-b)(a-c)(a-d)\ldots &= 1 + F(a, \lambda', \lambda'', \lambda''', \ldots)\\ \varphi(b).(b-a)(b-c)(b-d)\ldots &= 1 + F(b, \lambda', \lambda'', \lambda''', \ldots)\\ \varphi(c).(c-a)(c-b)(c-d)\ldots &= 1 + F(c, \lambda', \lambda'', \lambda''', \ldots)\end{aligned}$
. . . .

Nehmen wir folglich an, dass das Product aus allen
$$1 + F(a, l', l'', l''', \ldots), 1 + F(b, l', l'', l''', \ldots),$$
$$1 + F(c, l', l'', l''', \ldots), \ldots,$$
welches eine ganze Function der Unbestimmten $a, b, c, \ldots$ $l', l'', l''', \ldots$ und zwar eine symmetrische Function hinsichtlich $a, b, c, \ldots$ wird, durch
$$\psi(\lambda', \lambda'', \lambda''', \ldots, l', l'', l''', \ldots)$$
dargestellt werde, so ergiebt sich aus der Multiplication aller Gleichungen (1) die neue identische Gleichung

(2) $\quad \pi.\varphi(a)\varphi(b)\varphi(c)\ldots = \psi(\lambda', \lambda'', \lambda''', \ldots \lambda', \lambda'', \lambda''', \ldots).$

Es ist ferner klar, dass das Product $\varphi(a)\varphi(b)\varphi(c)\ldots$ die Unbestimmten $a, b, c, \ldots$ symmetrisch einschliesst, und dass man also eine ganze Function der Unbestimmten $l', l'', l''', \ldots$ so bilden kann, dass dieselbe durch die Substitutionen $l' = \lambda'$, $l'' = \lambda'', l''' = \lambda''', \ldots$ in $\varphi(a)\varphi(b)\varphi(c)\ldots$ übergeht. Ist t diese Function, so wird auch identisch

(3) $\quad\quad\quad p\,t = \psi(l', l'', l''', \ldots l', l'', l''', \ldots),$

da diese Gleichung ja durch die Substitutionen $l' = \lambda', l'' = \lambda''$, $l''' = \lambda''', \ldots$ in die identische Gleichung (2) übergeht.

Schon aus der Definition der Function F selbst ergiebt sich, dass man identisch hat
$$F(x, L', L'', L''', \ldots) = 0.$$

Hieraus folgt auch identisch
$$1 + F(a, L', L'', L''', \ldots) = 1, \quad 1 + F(b, L', L'', L''', \ldots) = 1,$$
$$1 + F(c, L', L'', L''', \ldots) = 1, \ldots,$$
und daher wird auch identisch
$$\psi(\lambda', \lambda'', \lambda''', \ldots L', L'', L''', \ldots) = 1,$$
und also auch identisch
(4) $\quad\quad \psi(l', l'', l''', \ldots, L', L'', L''', \ldots) = 1.$

Es folgt daher aus der Verbindung der Gleichungen (3) und (4) wenn wir $l' = L', l'' = L'', l''' = L''', \ldots$ setzen

(5) $\quad\quad\quad\quad PT = 1,$

falls wir durch T den Werth der Function t bezeichnen, welcher jenen Substitutionen entspricht. Da dieser Werth eine endliche Grösse werden muss, so kann P sicher nicht $= 0$ sein.

10.

Aus dem Vorangehenden ist nun ersichtlich, dass jede ganze Function Y einer Unbestimmten x, deren Determinante $= 0$ ist, in Factoren zerlegt werden kann, deren keiner eine verschwindende Determinante hat. Sucht man nämlich den grössten gemeinsamen Theiler der Functionen Y und $\dfrac{dY}{dx}$ auf, so wird hierbei Y schon in zwei Factoren zerlegt. Wenn einer dieser Factoren*) wiederum die Determinante 0 besitzt, möge er auf dieselbe Art in zwei Factoren zerlegt werden, und auf diesem Wege werden wir fortfahren, bis Y endlich in solche Factoren aufgelöst vorliegt, von denen keiner die Determinante 0 hat.

Ferner überzeugt man sich leicht davon, dass unter denjenigen Factoren, in welche Y zerlegt wird, mindestens einer von der Eigenschaft vorkommt, dass unter den Factoren seiner Ordnungszahl der Factor 2 wenigstens nicht häufiger vorkommt, als dies bei der Zahl m geschieht, welche die Ordnung der

---

*) In Wirklichkeit kann nur derjenige Factor, welcher der grösste gemeinsame Theiler ist, eine verschwindende Determinante haben. Aber der Beweis dieses Satzes würde uns auf mancherlei Abwege führen; überdies ist er hier nicht nothwendig, da man den anderen Factor, falls auch dessen Determinante verschwinden sollte, auf gleiche Art behandeln und selbst in Factoren zerlegen könnte.

Function Y angiebt; wenn also etwa $m = k \cdot 2^\mu$ gesetzt wird, wobei k eine ungerade Zahl bezeichnet, so wird es unter den Factoren von Y mindestens einen geben, der zur Ordnung $k' \cdot 2^\nu$ gehören mag, für welchen bei ungeradem k' entweder $\nu = \mu$ oder $\nu < \mu$ wird. Die Richtigkeit dieser Behauptung ergiebt sich von selbst daraus, dass m das Aggregat der Zahlen ist, welche die Ordnung der einzelnen Factoren von Y ausdrücken.

11.

Bevor wir weiter gehen, wollen wir einen Ausdruck erklären, dessen Einführung bei allen Untersuchungen über symmetrische Functionen den grössten Nutzen gewährt, und der auch für unsere Zwecke überaus geeignet sein wird. Wir nehmen an, M sei eine Function von einigen der Unbestimmten $a, b, c, \ldots$; es sei μ die Anzahl derjenigen, welche in den Ausdruck M eingehen, ohne Rücksicht auf andere Unbestimmte, die etwa in M noch vorkommen. Werden jene μ Unbestimmten auf alle nur möglichen Arten sowohl unter sich als auch mit den $m - \mu$ von $a, b, c, \ldots$ noch vorhandenen vertauscht, dann entstehen aus M andere, dem M ähnliche Ausdrücke und zwar im Ganzen, M eingeschlossen,

$$m(m-1)(m-2)(m-3)\ldots(m-\mu+1);$$

den Complex derselben wollen wir einfach den Complex aller M nennen. Hieraus ergiebt sich von selbst, was unter dem Aggregat aller M, unter dem Producte aller $M, \ldots$ zu verstehen sei. So kann z. B. π das Product aus allen $a - b$ genannt werden, v das Product aus allen $x - a$, v' das Aggregat aus allen $\dfrac{v}{x-a}$, u. s. w.

Sollte zufällig M eine symmetrische Function einiger der μ Unbestimmten sein, die sie enthält, so werden die Permutationen von diesen untereinander die Function M nicht ändern, weswegen in dem Complexe aller M jedes Glied mehrfach, und zwar $(1 \cdot 2 \cdot 3 \ldots \nu)$. mal vorhanden ist, wenn ν die Anzahl der Unbestimmten bedeutet, in denen M symmetrisch ist. Ist aber M nicht allein in ν Unbestimmten symmetrisch, sondern überdies in ν' anderen, ferner in ν'' anderen u. s. f., dann ändert sich M nicht, wenn je zwei der ersten Unbestimmten unter einander vertauscht werden, oder je zwei von den folgenden ν', oder von den dritten ν'' u. s. f., so dass stets

$$1.2.3\ldots\nu\,.\,1.2.3\ldots\nu'\,.\,1.2.3\ldots\nu''\ldots$$

Permutationen identische Gliedern entsprechen. Behält man also von diesen identischen Gliedern immer nur je eins zurück, so hat man im Ganzen

$$\frac{m(m-1)(m-2)(m-3)\ldots(m-\mu+1)}{1.2.3\ldots\nu\,.\,1.2.3\ldots\nu'\,.\,1.2.3\ldots\nu''\ldots}$$

Glieder, deren Complex wir den Complex aller M ohne Wiederholungen nennen, um ihn so vom Complex aller M mit Wiederholungen zu unterscheiden. So oft nichts ausdrücklich erwähnt ist, werden wir stets die Wiederholungen zulassen.

Man sieht übrigens leicht ein, dass das Aggregat aller M, oder das Product aus allen M, oder allgemein irgend welche symmetrische Function aus allen M stets eine symmetrische Function der Unbestimmten $a, b, c, \ldots$ wird, mögen nun Wiederholungen zugelassen oder ausgeschlossen werden.

12.

Wir wollen nun das Product aus allen $u-(a+b)x+ab$ ohne Wiederholungen betrachten, wobei u, x Unbestimmte bezeichnen, und dasselbe durch ζ bezeichnen. Es wird also ζ das Product aus folgenden $\frac{1}{2}m(m-1)$ Factoren sein

$$u-(a+b)x+ab,\ u-(a+c)x+ac,\ u-(a+d)x+ad,\ldots;$$
$$u-(b+c)x+bc,\ u-(b+d)x+bd,\ldots;$$
$$u-(c+d)x+cd,\ldots;\ldots$$

Da diese Function die Unbestimmten $a, b, c, \ldots$ symmetrisch enthält, so lässt sich eine ganze Function der Unbestimmten $u, x, l', l'', l''', \ldots$ angeben, welche durch z bezeichnet werden soll, mit der Eigenschaft, dass sie in ζ übergeht, wenn an Stelle der Unbestimmten $l', l'', l''', \ldots$ eingesetzt wird $\lambda', \lambda'', \lambda''', \ldots$ Endlich wollen wir durch Z die Function der Unbestimmten u, x allein bezeichnen, in welche z übergeht, wenn wir den Unbestimmten $l', l'', l''', \ldots$ die bestimmten Werthe $L', L'', L''', \ldots$ zuertheilen.

Diese drei Functionen ζ, z, Z, können als ganze Functionen der Ordnung $\frac{1}{2}m(m-1)$ der Unbestimmten u mit unbestimmten Coefficienten angesehen werden; diese Coefficienten sind

für ζ, Functionen der Unbestimmten x, a, b, c, ...
für z, Functionen der Unbestimmten x, l', l'', l''', ...
für Z, Functionen der einzigen Unbestimmten x.

Die einzelnen Coefficienten von z werden in die Coefficienten von ζ durch die Substitutionen $l' = \lambda'$, $l'' = \lambda''$, $l''' = \lambda'''$, ... übergehen und ebenso in die Coefficienten von Z durch die Substitutionen $l' = L'$, $l'' = L''$, $l''' = L'''$, ... Dasselbe, was wir soeben über die Coefficienten gesagt haben, gilt auch von den Determinanten der Functionen ζ, z, Z. Gerade diese wollen wir genauer untersuchen, und zwar zu dem Zwecke, um einen Beweis zu erbringen für den

Lehrsatz. So oft P nicht $= 0$ ist, kann die Determinante der Function Z sicher nicht $= 0$ sein.

13.

Der Beweis dieses Satzes würde ausserordentlich einfach sein, wenn vorausgesetzt werden dürfte, dass Y in lineare Factoren

$$(x - A)(x - B)(x - C)(x - D) \ldots$$

zerlegt werden kann. Dann müsste nämlich Z auch das Product aus allen $u - (A + B)x + AB$ werden, und die Determinante der Function Z das Product aus den Differenzen von je zweien der Grössen

$(A+B)x - AB$, $(A+C)x - AC$, $(A+D)x - AD$, ...;
$(B+C)x - BC$, $(B+D)x - BD$, ...;
$(C+D)x - CD$, ...; ...

Dieses Product könnte aber nur dann identisch verschwinden, wenn einer seiner Factoren für sich identisch $= 0$ wäre, woraus folgen würde, dass zwei der Grössen A, B, C, ... einander gleich sind, und dass also, gegen die Voraussetzung, die Determinante der Function Y selbst $= 0$ wird.

Wir lassen einen solchen Schluss bei Seite, da derselbe gerade wie § 6 offenbar von einer Petitio principii ausgeht, und wenden uns sofort zur Darlegung eines strengen Beweises für den Satz aus § 12.

14.

Die Determinante der Function ζ wird das Product aus allen Differenzen je zweier $(a + b)x - ab$, deren Anzahl

$$\tfrac{1}{2}m(m-1)(\tfrac{1}{2}m(m-1)-1) = \tfrac{1}{4}(m+1)m(m-1)(m-2)$$

beträgt. Diese Zahl giebt somit die Ordnung der Determinante der Function ζ nach der Unbestimmten x an. Die Determinante der Function z wird zu gleicher Ordnung gehören, während die Determinante der Function Z ganz wohl zu einer geringeren Ordnung gehören kann, sobald einige von den Coefficienten von der höchsten Potenz von x ab verschwinden. Unsere Aufgabe ist es, zu beweisen, dass in der Determinante der Function Z sicher nicht alle Coefficienten verschwinden können.

Betrachtet man die Differenzen näher, deren Product die Determinante der Function ζ ist, so bemerkt man, dass ein Theil derselben, nämlich diejenigen Differenzen je zweier $(a+b)x - ab$, welche ein gemeinsames Element besitzen,

das Product aus allen $(a-b)(x-c)$

liefern, während aus den übrigen, nämlich aus denjenigen Differenzen zwischen je zwei $(a+b)x - ab$, deren Elemente verschieden sind,

das Product aus allen $(a+b-c-d)x - ab + cd$

ohne Wiederholungen entsteht. Das erste Product enthält jeden Factor $a-b$ offenbar $(m-2)$mal, jeden Factor $x-c$ aber $(m-1)(m-2)$mal, woraus man leicht schliesst, dass der Werth dieses Productes

$$= \pi^{m-2}\, \upsilon^{(m-1)(m-2)}$$

ist. Bezeichnen wir also das zweite Product durch ϱ, so wird die Determinante der Function ζ

$$= \pi^{m-2}\, \upsilon^{(m-1)(m-2)}\, \varrho.$$

Benennen wir ferner r diejenige Function der Unbestimmten $x, l', l'', l''', \ldots$, welche durch die Substitutionen $l' = \lambda', l'' = \lambda'',$ $l''' = \lambda''', \ldots$ in ϱ übergeht, und R diejenige Function von x allein, in welche r durch die Substitutionen $l' = L', l'' = L'',$ $l''' = L'''$ übergeht, so wird offenbar die Determinante der Function z

$$= p^{m-2}\, y^{(m-1)(m-2)}\, r.$$

werden, dagegen die Determinante der Function Z

$$= P^{m-2}\, Y^{(m-1)(m-2)}\, R.$$

Da nun der Annahme nach P nicht $= 0$ ist, so handelt es sich jetzt um den Beweis, dass R nicht identisch verschwinden kann.

15.

Zu diesem Zwecke führen wir noch eine andere Unbestimmte w ein und wollen das Product aus allen

$$(a + b - c - d)w + (a - c)(a - d)$$

ohne Wiederholungen betrachten; da dies die $a, b, c, \ldots$ symmetrisch umfasst, so kann es als ganze Function der Unbestimmten $w, \lambda', \lambda'', \lambda''', \ldots$ ausgedrückt werden. Wir wollen diese Functionen mit $f(w, \lambda', \lambda'', \lambda''', \ldots)$ bezeichnen. Die Anzahl der Factoren $(a + b - c - d)w + (a - c)(a - d)$ wird

$$= \tfrac{1}{2} m (m - 1)(m - 2)(m - 3)$$

sein, woraus wir leicht schliessen, dass

$$f(0, \lambda', \lambda'', \lambda''', \ldots) = \pi^{(m-2)(m-3)},$$

folglich

$$f(0, l', l'', l''', \ldots) = p^{(m-2)(m-3)}$$

und

$$f(0, L', L'', L''', \ldots) = P^{(m-2)(m-3)}$$

wird. Die Function $f(w, L', L'', L''', \ldots)$ muss im allgemeinen zur Ordnung

$$\tfrac{1}{2} m (m - 1)(m - 2)(m - 3)$$

gehören; allein in besonderen Fällen kann sie recht wohl zu einer niedrigeren Ordnung gehören, wenn zufällig einige Coefficienten von der höchsten Potenz von w ab verschwinden; es ist jedoch unmöglich, dass sie identisch $= 0$ wird, da, wie die eben gefundene Gleichung zeigt, wenigstens das letzte Glied der Function nicht verschwindet. Wir wollen annehmen, das höchste Glied der Function $f(w, L', L'', L''', \ldots)$, welches einen nicht verschwindenden Coefficienten besitzt, sei Nw^ν. Substituiren wir nun $w = x - a$, so ist offenbar $f(x - a, L', L'', L''', \ldots)$ eine ganze Function der Unbestimmten x, a, oder was dasselbe ist, eine Function von x, deren Coefficienten von der Unbestimmten a abhängen: diese Function ist so beschaffen, dass ihr höchstes Glied Nx^ν ist; sie besitzt folglich einen von a unabhängigen und von Null verschiedenen Coefficienten. Genau so werden $f(x - b, L', L'', L''', \ldots), f(x - c, L', L'', L''', \ldots), \ldots$ ganze Functionen der Unbestimmten x, welche einzeln als höchstes Glied Nx^ν besitzen, bei denen aber die Coefficienten der folgenden Glieder bezw. von $a, b, c, \ldots$ abhängen. Folglich wird das Product aus den m Factoren

$$f(x-a, L', L'', L''', \ldots), f(x-b, L', L'', L''', \ldots),$$
$$f(x-c, L', L'', L''', \ldots), \ldots$$

eine ganze Function von x, deren höchstes Glied $N^m x^{m\nu}$ sein wird, während die Coefficienten der folgenden Glieder von a, b, c, … abhängen.

Wir betrachten nun ferner das Product aus den m Factoren
$$f(x-a, l', l'', l''', \ldots), f(x-b, l', l'', l''' \ldots),$$
$$f(x-c, l', l'', l''', \ldots), \ldots,$$

welches als Function der Unbestimmten x, a, b, c, … l', l'', l''', … die in a, b, c, … symmetrisch ist, mit Hülfe der Unbestimmten x, λ', λ'', λ''', … l', l'', l''', … dargestellt und durch

$$\varphi(x, \lambda', \lambda'', \lambda''', \ldots l', l'', l''', \ldots)$$

bezeichnet werden kann. Es wird also

$$\varphi(x, \lambda', \lambda'', \lambda''', \ldots \lambda', \lambda'', \lambda''', \ldots)$$

das Product aus den Factoren
$$f(x-a, \lambda', \lambda'', \lambda''', \ldots), f(x-b, \lambda', \lambda'', \lambda''', \ldots),$$
$$f(x-c, \lambda', \lambda'', \lambda''', \ldots), \ldots$$

und folglich unbestimmt theilbar durch ϱ, da, wie man leicht einsieht, jeder Factor von ϱ in einem jener Factoren enthalten ist. Wir wollen daher setzen

$$\varphi(x, \lambda', \lambda'', \lambda''', \ldots, \lambda', \lambda'', \lambda''', \ldots) = \varrho \psi(x, \lambda', \lambda'', \lambda''', \ldots),$$

wo das Zeichen ψ eine ganze Function andeutet. Hieraus folgt aber leicht, dass man auch identisch hat

$$\varphi(x, L', L'', L''', \ldots, L', L'', L''', \ldots) = R\psi(x, L', L'', L''', \ldots).$$

Wir haben aber oben bewiesen, dass das Product der Factoren
$$f(x-a, L', L'', L''', \ldots), f(x-b, L', L'', L''', \ldots),$$
$$f(x-c, L', L'', L''', \ldots), \ldots,$$

welches $= \varphi(x, \lambda', \lambda'', \lambda''', \ldots L', L'', L''', \ldots)$ wird, als höchstes Glied $N^m x^{m\nu}$ besitzt; folglich wird die Function $\varphi(x, L', L'', L''', \ldots, L', L'', L''', \ldots)$ dasselbe höchste Glied besitzen und also sicher nicht identisch $= 0$ sein. Deswegen kann auch R nicht identisch $= 0$ sein, und ebenso wenig die Determinante der Function Z.

16.

Lehrsatz. Bedeutet $\varphi(u,x)$*) das Product aus einer beliebigen Anzahl von Factoren, welche in u, x nur linear und also von der Form

$$\alpha + \beta u + \gamma x,\ \alpha' + \beta' u + \gamma' x,\ \alpha'' + \beta'' u + \gamma'' x,\ \ldots,$$

sind, und ist w eine andere Unbestimmte, dann wird die Function

$$\varphi\left(u + w\frac{d\varphi(u,x)}{dx},\ x - w\frac{d\varphi(u,x)}{du}\right) = \Omega$$

durch $\varphi(u,x)$ unbestimmt theilbar werden.

Beweis. Setzen wir

$$\varphi(u,x) = (\alpha + \beta u + \gamma x)Q = (\alpha' + \beta' u + \gamma' x)Q' \\ = (\alpha'' + \beta'' u + \gamma'' x)Q'' = \ldots,$$

so werden $Q, Q', Q'', \ldots$ ganze Functionen der Unbestimmten $u, x, \alpha, \beta, \gamma, \alpha', \beta', \gamma', \alpha'', \beta'', \gamma'', \ldots$ werden, und man erhält

$$\frac{d\varphi(u,x)}{dx} = \gamma Q + (\alpha + \beta u + \gamma x)\frac{dQ}{dx} = \gamma' Q' + (\alpha' + \beta' u + \gamma' x)\frac{dQ'}{dx}$$
$$= \gamma'' Q'' + (\alpha'' + \beta'' u + \gamma'' x)\frac{dQ''}{dx} = \ldots,$$

$$\frac{d\varphi(u,x)}{du} = \beta Q + (\alpha + \beta u + \gamma x)\frac{dQ}{du} = \beta' Q' + (\alpha' + \beta' u + \gamma' x)\frac{dQ'}{du}$$
$$= \beta'' Q'' + (\alpha'' + \beta'' u + \gamma'' x)\frac{dQ''}{dx} = \ldots.$$

Setzt man diese Werthe in die Factoren ein, aus denen das Product Ω gebildet wird, nämlich in

$$\alpha + \beta u + \gamma x + \beta w\frac{d\varphi(u,x)}{dx} - \gamma w\frac{d\varphi(u,x)}{du},$$
$$\alpha' + \beta' u + \gamma' x + \beta' w\frac{d\varphi(u,x)}{dx} - \gamma' w\frac{d\varphi(u,x)}{du},$$
$$\alpha'' + \beta'' u + \gamma'' x + \beta'' w\frac{d\varphi(u,x)}{dx} - \gamma'' w\frac{d\varphi(u,x)}{du},\ \ldots,$$

---

*) Auch ohne besonderen Hinweis erkennt wohl jeder Leser, dass die im vorigen § eingeführten Zeichen auf jenen einzigen Paragraphen zu beschränken sind, und ebenso, dass die jetzige mit der früheren Bedeutung der Zeichen φ, w nicht verwechselt werden darf.

so erhalten diese die folgenden Werthe

$$(\alpha + \beta u + \gamma x)\left(1 + \beta w \frac{dQ}{dx} - \gamma w \frac{dQ}{du}\right),$$
$$(\alpha' + \beta' u + \gamma' x)\left(1 + \beta' w \frac{dQ'}{dx} - \gamma' w \frac{dQ'}{du}\right),$$
$$(\alpha'' + \beta'' u + \gamma'' x)\left(1 + \beta'' w \frac{dQ''}{dx} - \gamma'' w \frac{dQ''}{du}\right), \ldots$$

so dass also Ω das Product aus $\varphi(u, x)$ und den Factoren

$$1 + \beta w \frac{dQ}{dx} - \gamma w \frac{dQ}{du}, \quad 1 + \beta' w \frac{dQ'}{dx} - \gamma' w \frac{dQ'}{du},$$
$$1 + \beta'' w \frac{dQ''}{dx} - \gamma'' w \frac{dQ''}{du}, \ldots$$

wird, d. h. aus $\varphi(u, x)$ und einer ganzen Function der Unbestimmten $u, x, w, \alpha, \beta, \gamma, \alpha', \beta', \gamma', \alpha'', \beta'', \gamma'', \ldots$

17.

Der Lehrsatz des vorigen Paragraphen ist offenbar auf die Function ζ anwendbar, welche wir von jetzt ab durch

$$f(u, x, \lambda', \lambda'', \lambda''', \ldots)$$

bezeichnen wollen, so dass

$$f\left(u + w\frac{d\zeta}{dx}, x - w\frac{d\zeta}{du}, \lambda', \lambda'', \lambda''', \ldots\right)$$

durch ζ unbestimmt theilbar wird; den Qotienten, welcher eine ganze Function der Unbestimmten $u, x, w, a, b, c, \ldots$ und zwar in $a, b, c, \ldots$ symmetrisch sein wird, wollen wir durch

$$\psi(u, x, w, \lambda', \lambda'', \lambda''', \ldots)$$

darstellen. Hieraus schliessen wir, dass man auch identisch erhält

$$f\left(u + w\frac{dz}{dx}, x - w\frac{dz}{du}, l', l'', l''', \ldots\right) = z \cdot \psi(u, x, w, l', l'', l''', \ldots)$$

und ebenso

$$f\left(u + w\frac{dZ}{dx}, x - w\frac{dZ}{du}, L', L'', L''', \ldots\right) = Z \cdot \psi(u, x, w, L', L'', L''', \ldots).$$

Wenn man also die Function Z einfach durch $F(u, x)$ bezeichnet, so dass man hat rationaler ganzer Functionen. 57

$$f(u, x, L', L'', L''', \ldots) = F(u, x),$$

dann wird identisch

$$F\left(u + w\frac{dZ}{dx}, x - w\frac{dZ}{du}\right) = Z \cdot \psi(u, x, w, L', L'', L''', \ldots).$$

18.

Setzen wir daher voraus, dass bestimmte Werthe von u, x, etwa $u = U$, $x = X$

$$\frac{dZ}{dx} = X', \; \frac{dZ}{du} = U'$$

liefern, dann wird identisch sein

$$F(U + wX', X - wU') = F(U, X) \cdot \psi(U, X, w, L', L'', L''', \ldots).$$

So oft U' nicht verschwindet, wird man

$$w = \frac{X - x}{U'}$$

setzen können, woraus dann hervorgeht

$$F(U + \frac{XX'}{U'} - \frac{X'x}{U'}, x) = F(U, X) \cdot \psi(U, X, \frac{X-x}{U'}, L', L'', L''', \ldots)$$

und dies kann auch so ausgesprochen werden:

Setzt man $u = U + \frac{XX'}{U'} - \frac{X'x}{U'}$, dann geht die Function Z über in

$$F(U, X) \cdot \psi(U, X, \frac{X-x}{U'}, L', L'', L''', \ldots).$$

19.

Da in demjenigen Falle, in welchem P nicht $= 0$ ist, die Determinante der Function Z eine nicht identisch verschwindende Function der Unbestimmten x ist, so wird die Anzahl der bestimmten Werthe von x, für welche diese Determinante den Werth 0 erlangen kann, eine endliche Zahl sein; es können also unendlich viele Werthe der Unbestimmten x angegeben werden, welche jener Determinante einen von 0 verschiedenen Werth ertheilen. X sei ein solcher Werth von x, (den wir überdies als reell voraussetzen können). Es wird also die Determinante der Function $F(u, X)$ nicht $= 0$, und daraus folgt, gemäss Lehrsatz II., § 6, dass die Functionen

$$F(u, X) \text{ und } \frac{dF(u, X)}{du}$$

keinen gemeinsamen Theiler haben können. Wir wollen ferner voraussetzen, dass es einen bestimmten Werth U von u giebt, welcher reell oder imaginär, d. h. von der Form $g + h\sqrt{-1}$ sein kann, und welcher $F(u, X) = 0$ macht, so dass also $F(U, X) = 0$ ist. Es wird dann $u - U$ ein unbestimmter Factor der Function $F(u, X)$, und folglich wird die Function $\frac{dF(u, X)}{du}$ sicher nicht durch $u - U$ theilbar. Nehmen wir also an, dass diese Function $\frac{dF(u, X)}{du}$ den Werth U'' erhalte, wenn $u = U$ gesetzt wird, so kann sicher U'' nicht $= 0$ sein. Offenbar wird aber U'' der Werth des Quotienten $\frac{dZ}{du}$ bei partieller Differentiation für $u = U$, $x = X$; wenn wir also überdies den Werth des Quotienten $\frac{dZ}{dx}$ bei partieller Differentiation für dieselben Werthe von u, x mit X' bezeichnen, so ist es nach dem im vorigen Paragraphen Bewiesenen klar, dass die Function Z durch die Substitution

$$u = U + \frac{XX'}{U''} - \frac{X'x}{U''}$$

identisch verschwindet, und also unbestimmt theilbar durch den Factor

$$u + \frac{X'}{U''}x - \left(U + \frac{XX'}{U''}\right)$$

wird. Setzt man daher $u = x^2$, so wird offenbar $F(x^2, x)$ durch

$$x^2 + \frac{X'}{U''}x - \left(U + \frac{XX'}{U''}\right)$$

theilbar und erhält demnach den Werth 0, wenn für x eine Wurzel der Gleichung

$$x^2 + \frac{X'}{U''}x - \left(U'' + \frac{XX'}{U''}\right) = 0$$

d. h.
$$x = \frac{-X \pm \sqrt{4UU'^2 + 4XX'U' + X'^2}}{2U'}$$

genommen wird. Diese Werthe sind offenbar entweder reell oder in der Form $g + h\sqrt{-1}$ enthalten.

Jetzt kann man leicht beweisen, dass durch dieselben Werthe von x auch die Function Y verschwinden muss. Denn offenbar ist $f(x^2, x, \lambda', \lambda'', \lambda''', \ldots)$ das Product aus allen $(x-a)(x-b)$ ohne Wiederholungen und somit $= v^{m-1}$. Hieraus folgt sofort

$$f(x^2, x, l', l'', l''', \ldots) = y^{m-1}$$
$$f(x^2, x, L', L'', L''', \ldots) = Y^{m-1}$$

oder $F(x^2, x) = Y^{m-1}$; ein Specialwerth dieser Function kann also nicht verschwinden, wenn nicht zugleich der Werth von Y verschwindet.

20.

Durch die bisherigen Untersuchungen ist die Lösung der Gleichung $Y = 0$, d. h. die Auffindung eines bestimmten Werthes von x, welcher der Gleichung genügt und entweder reell oder unter der Form $g + h\sqrt{-1}$ enthalten ist, auf die Lösung der Gleichung $F(u, X) = 0$ zurückgeführt, sobald die Determinante der Function Y nicht $= 0$ wird. Es möge bemerkt werden, dass, wenn alle Coefficienten in Y d. h. die Zahlen $L', L'', L''', \ldots$ reelle Grössen sind, auch alle Coefficienten in $F(u, X)$ reell werden, falls man, wie es erlaubt ist, für X eine reelle Grösse angenommen hat. Die Ordnung der Hülfs-Gleichung $F(u, X) = 0$ wird durch die Zahl $\frac{1}{2}m(m-1)$ ausgedrückt; ist also m eine gerade Zahl von der Form $2^\mu k$, wobei k unbestimmt eine ungerade Zahl anzeigen soll, so wird die Ordnung der zweiten Gleichung durch eine Zahl von der Form $2^{\mu-1}k$ ausgedrückt.

In demjenigen Falle, in welchem die Function Y eine Determinante $= 0$ besitzt, wird nach § 10 eine andere Function $\mathfrak{Y}$ angegeben werden können, welche jene theilt, deren Determinante nicht $= 0$ ist, und deren Ordnung durch eine Zahl $2^\nu k$ ausgedrückt wird, so dass entweder $\nu < \mu$ oder $\nu = \mu$ ist. Jede beliebige Lösung der Gleichung $\mathfrak{Y} = 0$ wird auch der Gleichung $Y = 0$ genügen; die Lösung der Gleichung $\mathfrak{Y} = 0$ wird wiederum auf die Lösung einer anderen Gleichung reducirt, deren Ordnung durch eine Zahl von der Form $2^{\nu-1}k$ ausgedrückt wird.

Hieraus schliessen wir also, dass allgemein die Lösung jeder Gleichung, deren Ordnung durch eine gerade Zahl der Form $2^\mu k$ ausgedrückt wird, auf die Lösung einer anderen Gleichung reducirt werden kann, deren Ordnung durch eine Zahl von der Form $2^{\mu'} k$ ausgedrückt wird, wobei $\mu' < \mu$ ist. Falls diese Zahl auch jetzt noch gerade ist, d. h. falls nicht $\mu' = 0$ ist, wird diese Methode von neuem angewendet werden, und so werden wir fortfahren, bis wir zu einer Gleichung kommen, deren Ordnung durch eine ungerade Zahl ausgedrückt wird; die Coefficienten dieser Gleichung werden sämmtlich reell sein, wenigstens sobald alle Coefficienten der ursprünglichen Gleichung reell gewesen sind. Es ist aber bekannt, dass eine solche Gleichung ungeraden Grades sicher lösbar ist, und zwar durch eine reelle Wurzel. Folglich werden auch die einzelnen vorhergehenden Gleichungen lösbar sein, sei es durch reelle Wurzeln, sei es durch solche von der Form $g + h\sqrt{-1}$.

Es ist also erwiesen, dass jede Function Y von der Form $x^m - L'x^{m-1} + L''x^{m-2} - \ldots$, wo L', L'', $\ldots$ bestimmte reelle Grössen sind, einen Factor $x - A$ besitzt, wo A eine reelle oder eine unter der Form $g + h\sqrt{-1}$ enthaltene Grösse ist. Im zweiten Falle erlangt, wie man leicht einsieht, Y den Werth 0 auch durch die Substitution $x = g - h\sqrt{-1}$ und ist folglich auch durch $x - (g - h\sqrt{-1})$ theilbar und deshalb auch durch das Product $x^2 - 2gx + g^2 + h^2$. Daher hat jede Function Y sicher einen reellen Factor ersten oder zweiten Grades. Weil dasselbe wiederum von dem Quotienten gilt, so ist es offenbar, dass Y in reelle Factoren ersten oder zweiten Grades zerlegt werden kann. Dies nachzuweisen war der Zweck dieser Abhandlung.

Dritter Beweis des Satzes
über die Zerlegbarkeit ganzer algebraischer Functionen in reelle Factoren

von

C. F. Gauss.

Ergänzung der vorhergehenden Abhandlung.

Nachdem die vorhergehende Abhandlung schon gedruckt war, führte mich fortgesetztes Nachdenken über denselben Gegenstand auf einen neuen Beweis des Satzes, welcher ebenso wie der vorhergehende rein analytisch ist, sich aber auf ganz verschiedene Principien stützt, und hinsichtlich der Einfachheit jenem bei weitem überlegen erscheint. Diesem **dritten** Beweise seien nun die folgenden Seiten gewidmet.

1.

Gegeben sei folgende Function der Unbestimmten x:
$$X = x^m + A x^{m-1} + B x^{m-2} + C x^{m-3} + \ldots L x + L x + M,$$
deren Coefficienten $A, B, C, \ldots$ reelle bestimmte Grössen sind. Unter r, φ verstehen wir andere Unbestimmte und setzen

$r^m \cos m\varphi + A r^{m-1} \cos(m-1)\varphi + B r^{m-2} \cos(m-2)\varphi$
$\qquad + C r^{m-3} \cos(m-3)\varphi + \ldots + L r \cos\varphi + M = t$

$r^m \sin m\varphi + A r^{m-1} \sin(m-1)\varphi + B r^{m-2} \sin(m-2)\varphi$
$\qquad + C r^{m-3} \sin(m-3)\varphi + \ldots + L r \sin\varphi = u$

$m r^m \cos m\varphi + (m-1) A r^{m-1} \cos(m-1)\varphi + (m-2) B r^{m-2} \cos(m-2)\varphi$
$\qquad + (m-3) C r^{m-3} \cos(m-3)\varphi + \ldots + L r \cos\varphi = t'$

$m r^m \sin m\varphi + (m-1) A r^{m-1} \sin(m-1)\varphi + (m-2) B r^{m-2} \sin(m-2)\varphi$
$\qquad + (m-3) C r^{m-3} \sin(m-3)\varphi + \ldots + L r \sin\varphi = u'$

62　　　　　Gauss: Factorenzerlegung

$$m^2 r^m \cos m\varphi + (m-1)^2 A r^{m-1} \cos(m-1)\varphi + (m-2)^2 B r^{m-2}$$
$$\cos(m-2)\varphi + (m-3)^2 C r^{m-3} \cos(m-3)\varphi + \ldots + Lr\cos\varphi = t''$$
$$m^2 r^m \sin m\varphi + (m-1)^2 A r^{m-1} \sin(m-1)\varphi + (m-2)^2 B r^{m-2}$$
$$\sin(m-2)\varphi + (m-3)^2 C r^{m-3} \sin(m-3)\varphi + \ldots + Lr\sin\varphi = u'',$$

$$\frac{(t^2+u^2)(tt''+uu'') + (tu'-ut')^2 - (tt'+uu')^2}{r(t^2+u^2)^2} = y.$$

Den Factor r kann man offenbar aus dem Nenner der letzten Formel wegheben, da t', u', t'', u'' durch ihn theilbar sind. Endlich sei R eine bestimmte positive Grösse, die zwar willkürlich sein, aber doch die höchste der Grössen

$$mA\sqrt{2},\ \sqrt[2]{mB\sqrt{2}},\ \sqrt[3]{mC\sqrt{2}},\ \sqrt[4]{mD\sqrt{2}},\ \ldots$$

übertreffen soll; bei diesen Grössen soll von den Vorzeichen von $A, B, C, D, \ldots$ abgesehen werden, d. h. die etwa vorkommenden negativen sollen in positive verwandelt werden. Nach diesen Vorbereitungen behaupte ich: dass $tt'+uu'$ sicher einen positiven Werth erhält, wenn $r = R$ gesetzt wird, welcher (reelle) Werth dem φ auch zuertheilt werde.

Beweis. Wir wollen setzen

$$R^m \cos 45^\circ + A R^{m-1} \cos(45^\circ + \varphi) + B R^{m-2} \cos(45^\circ + 2\varphi)$$
$$+ C R^{m-3} \cos(45^\circ + 3\varphi) + \ldots + LR\cos(45^\circ + (m-1)\varphi)$$
$$+ M\cos(45^\circ + m\varphi) = T,$$

$$R^m \sin 45^\circ + A R^{m-1} \sin(45^\circ + \varphi) + B R^{m-2} \sin(45^\circ + 2\varphi)$$
$$+ C R^{m-3} \sin(45^\circ + 3\varphi) + \ldots + LR\sin(45^\circ + (m-1)\varphi)$$
$$+ M\sin(45^\circ + m\varphi) = U,$$

$$m R^m \cos 45^\circ + (m-1) A R^{m-1} \cos(45^\circ + \varphi) + (m-2) B R^{m-2}$$
$$\cos(45^\circ + 2\varphi) + (m-3) C R^{m-3} \cos(45^\circ + 3\varphi) + \ldots$$
$$+ LR\cos(45^\circ + (m-1)\varphi) = T',$$

$$m R \sin 45^\circ + (m-1) A R^{m-1} \sin(45^\circ + \varphi) + (m-2) B R^{m-2}$$
$$\sin(45^\circ + 2\varphi) + (m-3) C R^{m-3} \sin(45^\circ + 3\varphi) + \ldots$$
$$+ LR\sin(45^\circ + (m-1)\varphi) = U',$$

dann folgt offenbar:

I. T ist aus den Gliedern zusammengesetzt

$$\frac{R^{m-1}}{m\sqrt{2}}(R + mA\sqrt{2}.\cos(45^0 + \varphi))$$

$$+ \frac{R^{m-2}}{m\sqrt{2}}(R^2 + mB\sqrt{2}\cos(45^0 + 2\varphi))$$

$$+ \frac{R^{m-3}}{m\sqrt{2}}(R^3 + mC\sqrt{2}\cos(45^0 + 3\varphi))$$

$$+ \frac{R^{m-4}}{m\sqrt{2}}(R^4 + mD\sqrt{2}\cos(45^0 + 4\varphi)) + \ldots,$$

welche für jeden bestimmten reellen Werth von φ, wie man leicht sieht, einzeln positiv werden; folglich muss T einen positiven Werth annehmen. Auf ähnliche Art wird bewiesen, dass auch U, T', U' positiv werden, so dass auch $TT'' + UU'$ eine positive Grösse werden muss.

II. Für $r = R$ gehen die Functionen t, u, t', u', bezw. in

$$T\cos(45^0 + m\varphi) + U\sin(45^0 + m\varphi),$$
$$T\sin(45^0 + m\varphi) - U\cos(45^0 + m\varphi),$$
$$T'\cos(45^0 + m\varphi) + U'\sin(45^0 + m\varphi),$$
$$T''\sin(45^0 + m\varphi) - U'\cos(45^0 + m\varphi)$$

über, wie durch wirkliche Entwickelung leicht gezeigt wird. Folglich wird der Werth der Function $tt' + uu'$ für $r = R$ gleich $TT'' + UU'$ und also eine positive Grösse werden.

Uebrigens schliessen wir aus denselben Formeln, dass der Werth der Function $t^2 + u^2$ für $r = R$ gleich $T^2 + U^2$ und also positiv wird, und daraus folgt, dass für keinen Werth von r, welcher grösser ist als die einzelnen Grössen $mA\sqrt{2}$, $\sqrt{mB\sqrt{2}}$, $\sqrt[3]{mC\sqrt{2}}$, ..., zugleich $t = 0$, $u = 0$ sein kann.

2.

Lehrsatz. Innerhalb der Grenzen $r = 0$ und $r = R$ sowie $\varphi = 0$ und $\varphi = 360^0$ giebt es sicher solche Werthe der Unbestimmten r, φ, für welche zugleich $t = 0$ und $u = 0$ wird.

Beweis. Wir wollen annehmen, der Lehrsatz sei nicht richtig; es ist offenbar, dass der Werth von $t^2 + u^2$ für alle

Werthe der Unbestimmten innerhalb der angegebenen Grenzen eine positive Grösse werden muss, sodass der Werth von y stets endlich ist. Wir betrachten das Doppelintegral

$$\iint y\,dr\,d\varphi$$

von $r = 0$ bis $r = R$ und von $\varphi = 0$ bis $\varphi = 360^\circ$ erstreckt, welches also einen endlichen, vollkommen bestimmten Werth erlangt. Dieser Werth, den wir durch Ω bezeichnen wollen, muss erhalten werden, gleichgültig, ob man die Integration zuerst nach φ und dann nach r oder in umgekehrter Ordnung ausführt. Wir haben aber **unbestimmt**, wenn wir r als Constante betrachten,

$$\int y\,d\varphi = \frac{tu' - ut'}{r(t^2 + u^2)},$$

wie durch Differentiation nach φ leicht bestätigt wird. Eine Constante ist nicht hinzuzufügen, falls wir voraussetzen, dass die Integration von $\varphi = 0$ beginnt, da man ja für $\varphi = 0$ erhält $\frac{tu' - ut'}{r(t^2 + u^2)} = 0$. Da nun offenbar $\frac{tu' - ut'}{r(t^2 + u^2)}$ auch für $\varphi = 360^\circ$ verschwindet, so wird das Integral $\int y\,d\varphi$ von $\varphi = 0$ bis $\varphi = 360^\circ$ genommen $= 0$, während r unbestimmt bleibt. Hieraus folgt aber $\Omega = 0$.

Ebenso haben wir unbestimmt, indem wir φ als constant betrachten,

$$\int y\,dr = \frac{tt' + uu'}{t^2 + u^2},$$

wie ebenso leicht durch Differentiation nach r bestätigt wird; auch hier braucht keine Constante hinzugefügt zu werden, falls man die Integration mit $r = 0$ beginnt. Deshalb wird nach dem im vorigen Paragraphen Bewiesenen das von $r = 0$ bis $r = R$ ausgedehnte Integral $= \dfrac{TT' + UU'}{T^2 + U^2}$, und folglich nach dem Satze des vorigen Paragraphen für jeden reellen Werth von φ stets eine positive Grösse. Folglich wird auch Ω d. h. der Werth des Integrals

$$\int \frac{TT' + UU'}{T^2 + U^2}\,d\varphi$$

von $\varphi = 0$ bis $\varphi = 360^\circ$ genommen, nothwendig eine positive

Grösse.*) Dies ist widersinnig, da wir dieselbe Grösse vorher = 0 gefunden haben. Unsere Voraussetzung kann daher nicht zutreffen, und damit ist die Richtigkeit des Satzes erwiesen.

3.

Die Function X geht durch die Substitution $x = r(\cos\varphi + \sin\varphi\sqrt{-1})$ in $t + u\sqrt{-1}$ und durch die Substitution $x = r(\cos\varphi - \sin\varphi\sqrt{-1})$ in $t - u\sqrt{-1}$ über. Wenn also für bestimmte Werthe von r, φ etwa für $r = g$, $\varphi = G$ zugleich $t = 0$, $u = 0$ entsteht, (und dass es solche Werthe giebt, ist im vorigen Paragraphen nachgewiesen worden), dann erhält X für jede der Substitutionen

$$x = g(\cos G + \sin G.\sqrt{-1}),\quad x = g(\cos G - \sin G.\sqrt{-1})$$

den Werth 0, und wird folglich unbestimmt durch

$$x - g(\cos G + \sin G.\sqrt{-1})$$

und ebenso durch $x - g(\cos G - \sin G.\sqrt{-1})$

theilbar. So oft $\sin G$ nicht $= 0$ ist, noch $g = 0$, sind diese Divisoren ungleich, und X wird folglich auch durch ihr Product

$$x^2 - 2g\cos G.x + g^2$$

theilbar sein; so oft aber entweder $\sin G = 0$ und also $\cos G = \pm 1$ oder $g = 0$ ist, sind jene Factoren identisch, nämlich $= x \mp g$. Es steht also fest, dass die Function X einen reellen Divisor zweiten oder ersten Grades besitzt, und da derselbe Schluss wieder für den Quotienten gilt, so ist X vollständig in solche Factoren auflösbar.

4.

Obwohl wir im Vorangehenden die von uns unternommene Aufgabe vollständig zu Ende geführt haben, so wird es doch

---

*) Dies ist an und für sich klar. Uebrigens wird als unbestimmtes Integral leicht $m\varphi + 45° - \text{arc tang}\,\dfrac{U}{T}$ ermittelt, und man kann auf anderem Wege beweisen, (denn an und für sich ist es noch nicht zu übersehen, welchen von den unendlich vielen Werthen der mehrwerthigen Function arc tang $\dfrac{U}{T}$, die zu $\varphi = 360°$ gehören, man wählen muss), dass der Werth, welchen man bei der Integration für $\varphi = 360°$ erhält, $= m.360°$ oder $= 2m\pi$ gesetzt werden muss. Aber dies ist für unseren Zweck nicht nothwendig.

nicht überflüssig sein, noch Einiges über die Schlussfolgerungen des § 2 hinzuzufügen. Von der Voraussetzung aus, dass t und u für keine Werthe der Unbestimmten r, φ zwischen den dort angegebenen Grenzen zugleich verschwinden, sind wir in einen unvermeidlichen Widerspruch verfallen, woraus wir die Unrichtigkeit der Voraussetzung selbst erschlossen haben. Dieser Widerspruch muss also aufhören, wenn es wirklich Werthe von r, φ giebt, für welche t und u zugleich $= 0$ werden. Um dies noch weiter zu veranschaulichen, bemerken wir, dass für solche Werthe $t^2 + u^2 = 0$ und also y unendlich wird, so dass es nicht länger erlaubt ist, das Doppelintegral $\iint y\, dr\, d\varphi$ als angebbare Grösse zu behandeln. Im Allgemeinen giebt, wenn ξ, η, ζ die Coordinaten von Raumpunkten bezeichnen, das Integral $\iint y\, dr\, d\varphi$ das Volumen eines Körpers, welcher durch die fünf Ebenen begrenzt wird, deren Gleichungen

$$\xi = 0,\ \eta = 0,\ \zeta = 0,\ \xi = R,\ \eta = 360^\circ$$

sind, und durch eine Fläche, deren Gleichung $\zeta = y$ ist, wenn man diejenigen Theile des Körpers als negativ betrachtet, in denen die Coordinaten ζ negativ sind. Aber hier wird stillschweigend angenommen, dass die sechste Fläche stetig sei: wenn diese Bedingung dadurch fällt, dass y unendlich wird, kann es ganz wohl geschehen, dass jene Auffassung keinen Sinn mehr hat. In diesem Falle kann von der Auswerthung des Integrals $\iint y\, dr\, d\varphi$ keine Rede sein, und deshalb ist es nicht wunderbar, dass analytische Operationen, in blindem Rechnen auf nichtige Dinge angewendet, zu Widersinnigem führen.

Die Integration $\int y\, d\varphi = \dfrac{tu' - ut'}{r(t^2 + u^2)}$ ist nur so lange eine wirkliche Integration d. h. Summation, als zwischen den Grenzen, in denen man integrirt, y überall eine endliche Grösse ist, dagegen wird sie widersinnig, wenn y irgend wo zwischen jenen Grenzen unendlich wird. Wenn wir ein solches Integral $\int \eta\, d\xi$, welches im Allgemeinen die Fläche zwischen der Abscissenaxe und der Curve angiebt, bei welcher die Ordinate η zur Abscisse ξ gehört, nach den gewöhnlichen Regeln entwickeln und dabei der Stetigkeit uneingedenk sind, so können wir uns sehr oft in Widersprüche verstricken. Setzen wir z. B. $\eta = \dfrac{1}{\xi^2}$, so liefert die Analysis als Integral $C - \dfrac{1}{\xi}$, wodurch die Fläche richtig angegeben wird, so lange die Curve ihre Stetigkeit bewahrt; da diese bei $\xi = 0$ unterbrochen ist, so würde, wenn Jemand ungereimter Weise nach der Grösse der Fläche von einer negativen bis zu einer positiven Abscisse fragte, aus der Formel die widersinnige Antwort folgen, dieselbe sei negativ. Was aber diese und ähnliche analytische Paradoxen bedeuten, das soll bei einer anderen Gelegenheit ausführlicher verfolgt werden.

Hier möge nur noch eine einzige Bemerkung angefügt werden. Werden Fragen ohne irgendwelche Einschränkung vorlegt, welche in gewissen Fällen widersinnig werden können, so hilft sich die Analysis sehr häufig dadurch, dass sie eine zum Theil unbestimmte Antwort giebt. Wenn wir z. B. das Integral $\iint y\, dr\, d\varphi$ von $r = e$ bis $r = f$ und $\varphi = E$ bis $\varphi = F$ erstrecken und den Werth von $\dfrac{u}{t}$

$$\begin{array}{ll} \text{für } r = e, \varphi = E \text{ durch} & \Theta \\ r = e, \varphi = F & \Theta' \\ r = f, \varphi = E & \Theta'' \\ r = f, \varphi = F & \Theta''' \end{array}$$

bezeichnen, so erhält man leicht durch analytische Operationen den Integralwerth

$$\text{arc tang } \Theta - \text{arc tang } \Theta' - \text{arc tang } \Theta'' + \text{arc tang } \Theta'''.$$

Das Integral kann in Wirklichkeit nur dann einen bestimmten Werth haben, wenn y zwischen den angegebenen Grenzen stets endlich bleibt. Dieser Werth ist in der angegebenen Formel sicher enthalten, aber er ist durch dieselbe nicht völlig bestimmt, da ja der arc tang eine mehrwerthige Function ist, und es muss weiter durch andere, übrigens nicht schwierige Betrachtungen entschieden werden, welche Functionalwerthe in einem bestimmten Falle zu bevorzugen sind. Wenn dagegen y irgend wo zwischen den angegebenen Grenzen unendlich wird, dann ist die Frage nach dem Werthe des Integrals $\iint y\, dr\, d\varphi$ widersinnig. Dies hindert nicht, dass, wenn man durchaus eine Antwort aus der Analysis herauspressen will, verschiedene Methoden bald dies bald jenes geben, wobei die einzelnen Werthe unter der vorher gegebenen allgemeinen Formel enthalten sind.

Beiträge
zur
Theorie der algebraischen Gleichungen.

Die im Jahre 1799 erschienene Denkschrift, Demonstratio nova theorematis, omnem functionem algebraicam rationalem integram unius variabilis in factores reales primi vel secundi gradus resolvi posse, hatte einen doppelten Zweck, nämlich erstens, zu zeigen, dass sämmtliche bis dahin versuchte Beweise dieses wichtigsten Lehrsatzes der Theorie der algebraischen Gleichungen ungenügend und illusorisch sind, und zweitens, einen neuen vollkommen strengen Beweis zu geben. Es ist unnöthig, auf den ersteren Gegenstand noch einmal zurückzukommen. Dem dort gegebenen neuen Beweise habe ich selbst später noch zwei andere folgen lassen, und ein vierter ist zuerst von *Cauchy* aufgestellt. Diese vier Beweise beruhen alle auf eben so vielen verschiedenen Grundlagen, aber darin kommen sie alle überein, dass durch jeden derselben zunächst nur das Vorhandensein eines Factors der betreffenden Function erwiesen wird. Der Strenge der Beweise thut dies allerdings keinen Eintrag: denn es ist klar, dass, wenn von der vorgegebenen Function dieser eine Factor abgelöset wird, eine ähnliche Function von niederer Ordnung zurückbleibt, auf welche der Lehrsatz aufs neue angewandt werden kann, und dass durch Wiederholung des Verfahrens zuletzt eine vollständige Zerlegung der ursprünglichen Function in Factoren der bezeichneten Art hervorgehen wird. Indessen gewinnt ohne Zweifel jede Beweisführung eine höhere Vollendung, wenn nachgewiesen wird, dass sie geeignet ist, das Vorhandensein der sämmtlichen Factoren unmittelbar anschaulich zu machen. Dass der erste Beweis in diesem Fall ist, habe ich bereits in der gedachten Denkschrift angedeutet (Art. 23), ohne es dort weiter auszuführen: dies soll jetzt ergänzt werden, und ich benutze zugleich diese Gelegenheit, die Hauptmomente des ganzen Beweises in einer abgeänderten und, wie ich glaube, eine vergrösserte Klarheit darbietenden Gestalt zu wiederholen. Was dabei die äussere Einkleidung des Lehrsatzes selbst betrifft, so war die 1799 gebrauchte, dass die Function $x^n + Ax^{n-1} + Bx^{n-2} + \ldots$ sich in reelle Factoren erster oder zweiter Ordnung zerlegen lässt, damals deshalb gewählt, weil alle Einmischung imaginärer Grössen vermieden werden sollte. Gegenwärtig, wo der Begriff der complexen Grössen jedermann geläufig ist, scheint es angemessener, jene Form fahren zu lassen und den Satz so auszusprechen, dass jene Function sich in n einfache Factoren zerlegen lasse, wo dann die constanten Theile dieser Factoren nicht eben reelle Grössen zu sein brauchen, sondern für dieselben auch jede complexen Werthe zulässig sein müssen. Bei dieser Einkleidung gewinnt selbst der Satz noch an Allgemeinheit, weil dann die Beschränkung auf reelle Werthe auch bei den Coefficienten A, B, ... nicht vorausgesetzt zu werden braucht, vielmehr jedwede Werthe für dieselben zulässig bleiben.

1.

Wir betrachten demnach die Function der unbestimmten Grösse x

$$x^n + Ax^{n-1} + Bx^{n-2} + \ldots + Mx + N = X$$

wo A, B, ... M, N bestimmte reelle oder imaginäre Coefficienten vorstellen. Aus der Elementaralgebra ist der Zusammenhang zwischen den Wurzeln der Gleichung $X = 0$ und den einfachen Factoren von X bekannt. Geschieht nämlich jener Gleichung durch die Substitution $x = p$ Genüge, so ist $x - p$ ein Factor von X, und giebt es n verschiedene Arten, jener Gleichung Genüge zu leisten, nämlich durch $x = p$, $x = p'$, $x = p''$, ..., so wird das Product $(x - p)(x - p')(x - p'') \ldots$ mit X identisch sein. Unter besonderen Umständen kann aber auch eine Auflösung, wie $x = p$, in X den Factor $(x - p)^2$, oder $(x - p)^3$ oder irgend eine höhere Potenz bedingen, in welchen Fällen man die Wurzel p wie zweimal, dreimal u. s. w. vorhanden betrachtet.

Verlangt man also nur den Beweis, dass die Function X gewiss einen einfachen Factor zulasse, so ist es zureichend, nur das Vorhandensein irgend einer Wurzel der Gleichung $X = 0$ nachzuweisen. Soll aber die vollständige Zerlegbarkeit der Function in einfache Factoren auf einmal bewiesen werden, so muss gezeigt werden, dass der Gleichung $X = 0$ Genüge geleistet werden kann, entweder durch n ungleiche Werthe von x, oder durch eine zwar geringere Anzahl ungleicher Auflösungen, wovon aber ein Theil die Charaktere der mehrfach geltenden gleichen Wurzeln dergestalt an sich trägt, dass die Zusammenzählung aller ungleichen und gleichen die Totalsumme $= n$ hervorbringt.

2.

Das ganze Gebiet der complexen Grössen, in welchem die der Gleichung $X = 0$ genügenden Werthe von x gesucht werden sollen, ist ein Unendliches von zwei Dimensionen, indem, wenn ein solcher Werth $x = t + iu$ gesetzt wird (wo i immer die imaginäre Einheit $\sqrt{-1}$ bedeutet), für t und u alle reellen Werthe von $-\infty$ bis $+\infty$ zulässig sind. Wir haben nun zuvörderst aus diesem unendlichen Gebiete ein abgegrenztes endliches auszuscheiden, ausserhalb dessen gewiss keine Wurzel der bestimmten Gleichung $X = 0$ liegen kann. Dies kann auf mehr als eine Art geschehen; unserem Zweck am meisten gemäss scheint die folgende zu sein.

Anstatt der Form $t + iu$ gebrauche man diese

$$x = r(\cos\varrho + i\sin\varrho),$$

wonach zur Umfassung des ganzen unendlichen Gebiets der complexen Grössen r durch alle positiven Werthe von 0 bis $+\infty$, und ϱ von 0 bis $360°$, oder, was dasselbe ist, von einem beliebigen Anfangswerthe bis an einen um $360°$ grösseren Endwerth ausgedehnt werden muss.

Um für r eine Grenze zu erhalten, über welche hinaus kein Werth mehr einer Wurzel der Gleichung $X = 0$ entsprechen kann, setze ich zuvörderst die Coefficienten der einzelnen Glieder von X in eine ähnliche Form, wie x, nämlich

$$\begin{aligned} A &= a(\cos\alpha + i\sin\alpha) \\ B &= b(\cos\beta + i\sin\beta) \\ C &= c(\cos\gamma + i\sin\gamma) \ldots, \end{aligned}$$

wo also $a, b, c, \ldots$ bestimmte positive Grössen bedeuten sollen, abgesehen davon, dass auch eine oder die andere darunter $= 0$ sein kann. Ich betrachte sodann die Gleichung

$$r^n - \sqrt{2} \cdot (ar^{n-1} + br^{n-2} + cr^{n-3} + \ldots) = 0$$

welche, wie man leicht sieht, eine positive Wurzel hat, und zwar (*Harriot's* Lehrsatz zufolge) nur eine solche. Es sei R

diese Wurzel, wo dann von selbst klar ist, dass für jeden positiven Werth von r, der grösser ist als R, der Werth von $r^n - \sqrt{2}.(ar^{n-1} + br^{n-2} + cr^{n-3} + \ldots)$ positiv sein, und dass dasselbe auch von der Function

$$nr^n - \sqrt{2}.((n-1)ar^{n-1} + (n-2)br^{n-2} + (n-3)cr^{n-3} + \ldots)$$

gelten wird, da dieselbe das $n$fache der ersteren Function um

$$\sqrt{2}.(ar^{n-1} + 2br^{n-2} + 3cr^{n-3} + \ldots),$$

also um eine positive Differenz übertrifft.

3.

Ich behaupte nun, dass die Grösse R geeignet ist, eine solche Grenze für die Werthe von r, wie im vorhergehenden Artikel gefordert ist, abzugeben. Der Beweis dieses Satzes ist auf folgende Art zu führen.

Ich setze allgemein $X = T + iU$, wo selbstredend T und U reelle Grössen bedeuten, und zwar wird

$$T = r^n \cos n\varrho + ar^{n-1}\cos((n-1)\varrho + \alpha)$$
$$+ br^{n-2}\cos((n-2)\varrho + \beta)$$
$$+ cr^{n-3}\cos((n-3)\varrho + \gamma) + \ldots$$
$$U = r^n \sin n\varrho + ar^{n-1}\sin((n-1)\varrho + \alpha)$$
$$+ br^{n-2}\sin((n-2)\varrho + \beta)$$
$$+ cr^{n-3}\sin((n-3)\varrho + \gamma) + \ldots$$

Man übersieht leicht, dass, wenn für r irgend ein positiver Werth grösser als R gewählt wird, T nothwendig dasselbe Zeichen haben wird wie $\cos n\varrho$, so oft dieser Cosinus absolut genommen nicht kleiner ist als $\sqrt{\tfrac{1}{2}}$. Man braucht nämlich T nur in folgende Form zu setzen

$$\pm T = \sqrt{\tfrac{1}{2}}.r^n - ar^{n-1} - br^{n-2} - cr^{n-3} - \ldots$$
$$+ [\pm \cos n\varrho - \sqrt{\tfrac{1}{2}}]r^n$$
$$+ [1 \pm \cos((n-1)\varrho + \alpha)]ar^{n-1}$$
$$+ [1 \pm \cos((n-2)\varrho + \beta)]br^{n-2}$$
$$+ [1 \pm \cos((n-3)\varrho + \gamma)]cr^{n-3} + \ldots,$$

wo die oberen Zeichen für den Fall eines positiven, die unteren für den Fall eines negativen $\cos n\varrho$ gelten sollen, und wo der erste Theil des Ausdrucks auf der rechten Seite positiv ist, in Folge des im vorhergehenden Artikel gegebenen Satzes, von den folgenden aber wenigstens keiner negativ werden kann. Auf ganz ähnliche Weise erhellt (indem man in obiger Formel nur U anstatt T und durchgehends Sinus anstatt Cosinus schreibt), dass unter gleicher Voraussetzung in Beziehung auf r, allemal U dasselbe Zeichen hat wie $\sin n\varrho$, so oft dieser Sinus absolut genommen nicht kleiner ist als $\sqrt{\tfrac{1}{2}}$. Es hat demnach in allen Fällen wenigstens die eine der beiden Grössen T, U ein voraus bestimmtes positives oder negatives Zeichen, und es kann folglich für keinen Werth von ϱ die Function $X = 0$ werden. W. z. b. w.

4.

Um das Verhalten von T und U in Beziehung auf die Zeichen und deren Wechsel (bei einem bestimmten, R überschreitenden Werthe von r) noch mehr ins Licht zu setzen, lasse man ϱ alle Werthe zwischen zwei um $360°$ verschiedenen Grenzen durchlaufen, wozu jedoch nicht 0 und $360°$, sondern, indem zur Abkürzung

$$\frac{45°}{n} = \omega$$

gesetzt wird, $-\omega$ und $(8n-1)\omega$ gewählt werden sollen. Den ganzen Zwischenraum theile ich in $4n$ gleiche Theile, so dass der erste sich von $-\omega$ bis ω, der zweite von ω bis 3ω, der dritte von 3ω bis 5ω ... erstreckt. Zuvörderst hat man auch noch die Werthe der Differentialquotienten $\dfrac{dT}{d\varrho}$, $\dfrac{dU}{d\varrho}$ in Betracht zu ziehen, wofür man hat

$$\frac{dT}{d\varrho} = -nr^n \sin n\varrho - (n-1) a r^{n-1} \sin((n-1)\varrho + \alpha)$$
$$- (n-2) b r^{n-2} \sin((n-2)\varrho + \beta)$$
$$- (n-3) c r^{n-3} \sin((n-3)\varrho + \gamma) - \ldots$$

$$\frac{dU}{d\varrho} = nr^n \cos n\varrho + (n-1) a r^{n-1} \cos((n-1)\varrho + \alpha)$$
$$+ (n-2) b r^{n-2} \cos((n-2)\varrho + \beta)$$
$$+ (n-3) c r^{n-3} \cos((n-3)\varrho + \gamma) + \ldots$$

Man erkennt daraus leicht, durch ähnliche Schlüsse wie im vorhergehenden Artikel und unter Zuziehung des Satzes am Schlusse von Art. 2, dass $\dfrac{dT}{d\varrho}$ immer das entgegengesetzte Zeichen von sin $n\varrho$ hat, so oft dieser Sinus absolut genommen nicht kleiner ist als $\sqrt{\tfrac{1}{2}}$, dass hingegen $\dfrac{dU}{d\varrho}$ immer dasselbe Zeichen wie $\cos n\varrho$ hat, so oft der absolute Werth dieses Cosinus nicht kleiner ist als $\sqrt{\tfrac{1}{2}}$. Hieraus zieht man folgende Schlüsse.

In dem ersten Intervalle, d. i. von $\varrho = -\omega$ bis $\varrho = +\omega$, ist T stets positiv, U hingegen für den Anfangswerth negativ, für den Endwerth positiv, mithin dazwischen gewiss einmal $= 0$ und zwar nur einmal, weil in dem ganzen Intervalle $\dfrac{dU}{d\varrho}$ positiv ist.

In dem zweiten Intervalle ist U stets positiv, T zu Anfang positiv, am Ende negativ, dazwischen einmal $T = 0$ und zwar nur einmal, weil in dem ganzen Intervalle $\dfrac{dT}{d\varrho}$ negativ ist.

In dem dritten Intervalle ist T stets negativ, U einem Zeichenwechsel unterworfen, so dass einmal $U = 0$ wird.

Im vierten Intervalle ist U stets negativ, T einmal $= 0$.

In den folgenden Intervallen wiederholen sich in gleicher Ordnung diese Verhältnisse, so dass das fünfte dem ersten, das sechste dem zweiten u. s. f. gleichsteht.

5.

Aus der im vorhergehenden Artikel erörterten Folgeordnung der positiven und negativen Werthe von T und U, die bei jedem über R hinausgehenden Werthe von r stattfindet[*], lässt sich nun folgern, dass innerhalb des Gebiets der kleineren Werthe von r gewisse Kreuzungen in diesen Anordnungen vorhanden sein müssen, die das Wesen unseres zu beweisenden Lehrsatzes

---

[*] Es ist leicht zu zeigen, dass auch für den Werth $r = R$ selbst eine gleiche Folgeordnung noch gültig bleibt, nur mit der Einschränkung, dass dann in ganz speciellen Fällen ein Uebergangswerth von ϱ, (d. h. ein solcher, für welchen T oder $U = 0$ wird) mit einer der Grössen $-\omega, \omega, 3\omega, 5\omega$ u. s. w. zusammenfallen kann, während für alle grösseren Werthe von r jeder Uebergangswerth von ϱ zwischen zweien dieser Grössen liegen muss. Ich halte mich jedoch dabei nicht auf, da für unsern Zweck zureicht, das Bestehen jener Folgeordnung, von irgend einem Werthe von r an, nachgewiesen zu haben.

in sich schliessen. Ich werde die Beweisführung in einer der Geometrie der Lage entnommenen Einkleidung darstellen, weil jene dadurch die grösste Anschaulichkeit und Einfachheit gewinnt. Im Grunde gehört aber der eigentliche Inhalt der ganzen Argumentation einem höheren von Räumlichem unabhängigen Gebiete der allgemeinen abstracten Grössenlehre an, dessen Gegenstand die nach der Stetigkeit zusammenhängenden Grössencombinationen sind, einem Gebiete, welches zur Zeit noch wenig angebaut ist, und in welchem man sich auch nicht bewegen kann ohne eine von räumlichen Bildern entlehnte Sprache.

6.

Das ganze Gebiet der complexen Grössen wird vertreten durch eine unbegrenzte Ebene, in welcher jeder Punkt, dessen Coordinaten in Beziehung auf zwei einander rechtwinklig schneidende Achsen t, u sind, als der complexen Grösse $x = t + iu$ entsprechend betrachtet wird: bringt man diese complexe Grösse in die Form $x = r(\cos \varrho + i \sin \varrho)$, so bedeuten r, ϱ die Polarcoordinaten des entsprechenden Punktes. Der Inbegriff aller complexen Grössen, für welche r einerlei bestimmten Werth hat, wird demnach durch einen Kreis repräsentirt, dessen Halbmesser dieser Werth, und dessen Mittelpunkt der Anfangspunkt der Coordinaten ist. Denjenigen dieser Kreise, für welchen r um eine nach Belieben gewählte Differenz grösser als R ist, will ich mit K bezeichnen, und mit (1), (2), (3), ... ($2n$) diejenigen Punkte auf demselben, welchen die beziehungsweise zwischen ω und 3ω, zwischen 5ω und 7ω, zwischen 9ω und 11ω u. s. f. bis zwischen $(8n-3)\omega$ und $(8n-1)\omega$ liegenden Werthe von ϱ entsprechen, für welche nach dem 4. Artikel $T = 0$ wird. Man bemerke dabei, dass für die Punkte (1), (3), (5), ... U positiv, für die Punkte (2), (4), (6), ... hingegen negativ sein wird.

7.

Die Gesammtheit derjenigen Punkte in unserer Ebene, für welche T positiv ist, bildet zusammenhängende Flächentheile, wie schon von selbst erhellt, wenn man erwägt, dass bei einem stetigen Uebergange von einem Punkte zu einem anderen T sich nach der Stetigkeit ändert. Ebenso bilden sämmtliche Punkte, für welche T negativ wird, zusammenhängende Flächentheile. Zwischen den Flächentheilen der ersten Art und denen der zweiten liegen Punkte, in welchen $T = 0$ wird, und nach der Natur der Function T können diese Punkte nicht auch Flächenstücke, sondern nur Linien bilden, welche einerseits die einen, andererseits die anderen Flächentheile begrenzen.

Der ausserhalb K liegende Raum enthält n Flächen der ersten Art, die mit ebenso vielen der zweiten Art abwechseln, und wovon jede, von einem Stück der Kreislinie K an, zusammenhängend sich ins Unendliche erstreckt. Zugleich aber ist klar, dass jedes dieser Flächenstücke sich über die Kreislinie hinaus in den inneren Raum fortsetzt, und dass in Beziehung auf die weitere Gestaltung folgende Fälle stattfinden können.

1. Das betreffende von einem Theile von K anfangende Flächenstück endigt sich isolirt innerhalb der Kreisfläche; seine peripherische Begrenzung besteht dann nur aus zwei zusammenhängenden Stücken, wovon eines ein Bestandtheil von K ist, das andere innerhalb des Kreisraumes liegt. In der beigefügten Figur, welche sich auf eine Gleichung fünften Grades bezieht und wo die Zeichen von T in den verschiedenen Flächentheilen eingeschrieben sind, finden sich drei der Flächen mit positivem T in diesem Falle; die eine hat die Grenzlinien 10.1 und 1.11.10; die zweite diese 4.5 und 5.12.4; die dritte 6.7 und 7.13.6. Flächentheile ähnlicher Art mit negativem T finden sich zwei vor.

2. Das Flächenstück durchsetzt einfach die Kreisfläche dergestalt, dass es mit einem an einer anderen Stelle eintretenden eine zusammenhängende Fläche bildet. Die ganze peripherische Begrenzungslinie wird dann aus vier Stücken bestehen, von denen zwei der Kreislinie K angehören, und die beiden anderen dem inneren Raume. In unserer Figur findet sich dieser Fall bei dem durch 2.3; 3.0.8; 9.11.2 begrenzten Flächenstück.

3. Das Flächenstück spaltet sich im inneren Kreisraume einmal oder mehreremale dergestalt, dass es mit noch zweien oder mehreren an anderen Stellen eintretenden eine zusammenhängende Fläche bildet, deren ganze peripherische Begrenzung dann aus sechs, acht oder mehreren Stücken in gerader Zahl bestehen wird, die abwechselnd der Kreislinie und dem inneren Raume angehören. In unserer Figur tritt dies ein bei einem Flächentheile, dessen Begrenzung durch die sechs Stücke 3.4; 4.12.5; 5.6; 6.13.7; 7.8; 8.0.3 gebildet wird, in welchem aber T negativ ist.

8.

Bei einer vollständigen Aufzählung aller denkbaren Gestaltungen der in den inneren Kreisraum eintretenden Flächentheile würden den angegebenen Fällen noch anderweitige Modificationen beigefügt werden müssen. Wenn z. B. ein solcher Flächentheil sich zwar in zwei Aeste spaltet, diese aber im inneren Raume sich wieder vereinigen, so würde dieser Fall, je nachdem nach der Vereinigung die Fläche im Innern ihren Abschluss findet, oder (ohne neue Theilung) sich bis zu einer anderen Stelle der Kreislinie fortsetzt, dem ersten oder zweiten Falle des vorhergehenden Artikels zugerechnet werden können, indem die Gestaltung der Fläche nur durch das Einschliessen einer nicht zu ihr gehörenden Insel modificirt sein würde. Uebrigens würde es nicht schwer sein, strenge zu beweisen, dass bei der besonderen Beschaffenheit der Function T Modificationen dieser Art gar nicht möglich sind; für unseren Zweck ist dies jedoch unnöthig, indem es nur auf die Folge der Stücke der äusseren Begrenzung jedes der in der Rede stehenden Flächentheile (d. i. derjenigen, in welchen T positiv ist) ankommt.

Wir haben nämlich schon bemerklich gemacht, dass die Anzahl dieser Stücke allemal gerade ist (zwei im ersten Falle des vorhergehenden Artikels, vier im zweiten, sechs oder mehrere im dritten), wovon wechselsweise eines der Kreislinie K, eines dem inneren Raume angehört. Ferner ist klar, dass, wenn jene äussere Begrenzungslinie immer in einerlei Sinn durchlaufen wird, wozu hier derjenige gewählt werden soll, in welchem die Bezifferungen der Punkte von K wachsen (also Beispiels halber in in unserer Figur so, dass die Fläche immer rechts von der Begrenzungslinie liegt), der Anfangspunkt und der Endpunkt eines der Kreislinie angehörenden Stücks beziehungsweise durch eine gerade und die um eine Einheit grössere ungerade Zahl bezeichnet sein wird, mithin der Anfangspunkt und der Endpunkt jedes den inneren Raum durchlaufenden Stücks allemal beziehungsweise durch eine ungerade und eine gerade Zahl.

Es steht also fest, dass von den n an einem mit einer ungeraden Zahl bezeichneten Punkte von K in den inneren Raum eintretenden Linien, in denen überall $T = 0$ ist, eine jede auf eine ganz bestimmte Art*) diesen Raum zusammenhängend durch-

---

*) Dass sie allemal einen bestimmten Lauf hat, beruhet darauf, dass sie einen Theil der äusseren Abgrenzung einer Fläche, für welche

läuft, bis sie an einer anderen mit einer geraden Zahl bezeichneten Stelle wieder austritt. Da nun, wie schon oben (Schluss des 6. Art.) bemerkt ist, in ihrem Anfangspunkte der Werth von U positiv, am Endpunkte negativ ist, so muss wegen der Stetigkeit der Werthänderung nothwendig in einem Zwischenpunkte $U=0$ werden. Dieser Punkt repräsentirt dann eine Wurzel der Gleichung $X=0$; und da die Anzahl solcher Linien $=n$ ist, so ergeben sich auf diese Weise allemal n Wurzeln jener Gleichung.

9.

Wenn die gedachten Linien durch den Kreisraum gehen ohne ein Zusammentreffen mit einander, so ist klar, dass die so erhaltenen n Wurzeln nothwendig ungleich sind. Ein solches freies Durchgehen findet sich in unserer Figur bei den Linien von 3 nach 8, von 5 nach 4 und von 7 nach 6, und es gehören dazu die durch die Punkte 0, 12, 13 repräsentirten Wurzeln. Wenn hingegen zwei solcher Linien, oder mehrere, einen Punkt gemeinschaftlich haben, so ist zwar darum noch nicht nothwendig, aber doch möglich, dass dieser Punkt zugleich derjenige ist, in welchem $U=0$ wird, in welchem Falle dann zwei oder mehrere Wurzeln in eine zusammenfallen, oder, wie es gewöhnlich ausgedrückt wird, unter sich gleich sein werden. In unserer Figur treffen die Linien 1.10 und 9.2 in dem Punkte 11 zusammen, und in demselben wird zugleich $U=0$; die Gleichung hat also ausser den schon aufgeführten drei ungleichen noch zwei gleiche Wurzeln.

10.

Es bleibt nur noch übrig, nachzuweisen, dass, wenn der eine Wurzel $=p$ repräsentirende Punkt P in zweien oder mehreren

---

T ein bestimmtes Zeichen hat, ausmachen soll; ich habe das positive Zeichen gewählt, was an sich ganz willkürlich ist. So verstanden setzt sich z. B. die in 1 eintretende Linie durch 11 nach 10 fort: als Theil der Grenzlinie einer Fläche, worin T negativ ist, würde die Linie 1.11 nach 2 fortgesetzt werden müssen. Spricht man hingegen nur von einer Linie, worin $T=0$ ist, ohne sie als Theil der Begrenzung einer bestimmten Fläche zu betrachten, so würde eher 11.9 als natürliche Fortsetzung von 1.11 gelten können. Der hier gewählte Gesichtspunkt unterscheidet mein gegenwärtiges Verfahren von dem von 1799, und trägt wesentlich zur Vereinfachung der Beweisführung bei.

Linien $T = 0$ zugleich liegt, das Quadrat von $x-p$ oder die der Anzahl jener concurrirenden Linien entsprechende höhere Potenz in X als Factor enthalten sein wird. Der Beweis davon beruht auf folgenden Sätzen.

Man führe anstatt der unbestimmten Grösse x eine andere z ein, indem man $x = z + p$ setzt. Es gehe durch diese Substitution X in Z über, wo also Z eine Function von z von gleicher Ordnung wie X von x sein wird, deren constantes Glied aber fehlt. Indem man dieselbe nach aufsteigenden Potenzen von z ordnet, sei das niedrigste nicht verschwindende Glied

$$= K z^m \text{ und } Z = K z^m (1 + \zeta)$$

wo ζ die Form $Lz + L'z^2 + L''z^3 + \ldots + \frac{1}{K} z^{n-m}$ haben wird; endlich setze man

$$z = s(\cos\psi + i\sin\psi).$$

Der reelle und der imaginäre Bestandtheil von z drücken die Lage jedes unbestimmten Punktes der Ebene als rechtwinklige Coordinaten, und die Grössen s, ψ die Polarcoordinaten ganz ebenso relativ gegen den Punkt P aus, wie die Bestandtheile von x, und die Grössen r, φ die relative Lage gegen den ursprünglichen Anfangspunkt bezeichnen. Die Verbindung eines bestimmten Werthes von s mit allen Werthen von ψ in einer Ausdehnung von 360° stellt also die Punkte einer Kreislinie dar, die ihren Mittelpunkt in P hat und deren Halbmesser $= s$ ist.

Setzt man nun $K = k(\cos\varkappa + i\sin\varkappa)$, und folglich

$$K z^m = k s^m (\cos(m\psi + \varkappa) + i\sin(m\psi + \varkappa)),$$

so wird für ein unendlich kleines s die Grösse ζ, die wenigstens von derselben Ordnung ist wie s, neben der 1 vernachlässigt, und mithin gesetzt werden dürfen

$$T = k s^m \cos(m\psi + \varkappa),$$

woraus erhellt, dass, während ψ um 360° wächst, das Zeichen von T in m Stücken der Kreisperipherie positiv, und in ebenso vielen mit jenen abwechselnden negativ ist, oder dass T in $2m$ Punkten $= 0$ wird, nämlich für $\psi = \frac{1}{m}(\varkappa - 90°)$, $\frac{1}{m}(\varkappa + 90°)$, $\frac{1}{m}(\varkappa + 270°), \ldots$ Es gehen demnach von P zusammen $2m$ Linien aus, in denen $T = 0$ ist, oder wenn man sie paarweise so ver-

bindet, dass jede, wo, bei wachsendem ψ, das Zeichen aus
— in + übergeht, zusammen mit der nächstfolgenden, wo der
entgegengesetzte Uebergang stattfindet, wie die Begrenzungslinie
eines Flächentheils mit positivem T betrachtet wird, so treffen
in P überhaupt m dergleichen Begrenzungslinien zusammen.

Von der anderen Seite ist klar, dass sowie Z unbestimmt durch
z^m und durch keine höhere Potenz von z theilbar ist, X den
Factor $(x-p)^m$, aber keine höhere Potenz von $x-p$ enthalten
wird. Es ist also allemal, wenn p irgend eine Wurzel der Gleichung
$X = 0$ bedeutet, der Exponent der höchsten Potenz von $x-p$,
durch welche X theilbar ist, der Anzahl der in P zusammen-
treffenden Begrenzungslinien für Flächen mit positivem T gleich,
oder was dasselbe ist, der Anzahl solcher an P zusammentreffender
Flächen.

Uebrigens ist es leicht der Beweisführung eine von Einmischung unendlich kleiner Grössen ganz unabhängige Einkleidung
zu geben und zwar ganz analog der Schlussreihe in den Art. 3
und 4. Es lässt sich nämlich ein Werth von s nachweisen, für
welchen, sowie für jeden kleineren, der ganze Cyklus aller
Werthe von ψ dieselbe abwechselnde Folge von m Stücken mit
positivem T und ebenso vielen mit negativem darbietet. Diese
Eigenschaft hat die positive Wurzel der Gleichung

$$0 = m V\tfrac{1}{2} - (m+1)\, ls - (m+2)\, l's^2 - (m+3)\, l''s^3 - \ldots$$

wo $l, l', l'' \ldots$, die positiven Quadratwurzeln aus den Normen
der complexen Grössen $L, L', L'', \ldots$ bedeuten, oder wo

$$L = l\,(\cos \lambda + i \sin \lambda),$$
$$L' = l'\,(\cos \lambda' + i \sin \lambda'),$$
$$L'' = l''\,(\cos \lambda'' + i \sin \lambda'') \ldots$$

gesetzt ist. Ich glaube jedoch die sehr leichte Entwicklung dieses Satzes hier übergehen zu können.

Schliesslich mag noch bemerkt werden, dass bei der Beweisführung in der Abhandlung von 1799 die Betrachtung zweier
Systeme von Linien erforderlich war, das eine die Linien, wo
$T = 0$, das andere diejenigen, wo $U = 0$, enthaltend, während
in unserem jetzigen Verfahren die Betrachtung eines Systems
ausgereicht hat; ich habe dazu das System der Begrenzungslinien der Flächentheile mit positivem T gewählt. es hätte aber
ebenso gut zu demselben Zweck die Betrachtung der Begrenzungslinien der Flächen mit positivem (oder negativem) U dienen
können.

Anmerkungen.

In früheren Heften dieser Sammlung finden sich in eckige Klammern gesetzte Zahlen, welche die Seiten der Originalausgabe bezeichnen. Eine solche Hinzufügung ist hier aus dem Grunde unterlassen, dass dieselbe eben nur bei Hinweisung auf die ersten Drucke von Werth sein kann, dass aber seit der Herausgabe der Werke von *C. F. Gauss* durch die Königl. Gesellschaft der Wissenschaften zu Göttingen ein Zurückgreifen auf jene für Citationen kaum noch vorkommen dürfte.

Der erste der vier *Gauss*'schen Beweise wurde im Jahre 1797 gefunden und im Jahre 1799 als Inaugural-Dissertation zu Helmstädt gedruckt; ihm schliesst sich der zu *Gauss*' fünfzigjährigem Doctorjubiläum 1849 gegebene Beweis (veröffentlicht in den Abhandlungen der Königlichen Gesellschaft der Wissenschaften zu Göttingen IV, 1850) eng an. Der zweite Beweis stammt aus dem Ende des Jahres 1815, der dritte aus dem Januar des Jahres 1816; beide sind in den Commentationes recentiores der genannten Gesellschaft III, 1816 abgedruckt.

Die drei ersten Beweise beruhen auf Grundlagen, die untereinander vollständig verschieden sind, während der vierte sich in seinem Gange dem ersten nähert und sich hauptsächlich nur dadurch von ihm unterscheidet, dass er das Bestehen sämmtlicher Gleichungswurzeln gleichzeitig nachweist.

Diese beiden Beweise, der erste und der vierte, sind typisch für die sogenannten geometrischen, d. h. diejenigen Beweise, welche die geometrische Stetigkeit ohne Weiteres auf die arithmetischen Grössen übertragen, und also, um es kurz anzudeuten, einer jeden Streckenlänge eine arithmetische Zahl ensprechen lassen. Hierdurch wird aber, nach unseren neueren Anschauungen, gerade der mit Recht als »transcendent« bezeichnete Theil des geforderten Beweises stillschweigend übergangen.

Der dritte Beweis gehört zur Reihe der analytischen bezw. functionentheoretischen Beweise, d. h. derjenigen, bei denen die benutzten Hülfsmittel der Analysis bezw. der Functionentheorie angehören. Es kann also der Beweis dem Gebiete der Arithmetik nicht mehr zugerechnet werden; aber auch der arithmetische

Satz selbst tritt aus diesem Bereiche: er gehört in dieser Behandlung einer Zahl anderer Sätze zu, welche über das Gebiet der ganzen Functionen hinaus Geltung haben.

In seiner Anlage als der scharfsinnigste, in seiner Methode als der weitesttragende muss der zweite Beweis bezeichnet werden. Er führt einen *Euler-Foncenex*'schen Gedanken correct durch und zeigt, dass, wenn man die Existenz einer Wurzel bei den Gleichungen ungeraden Grades voraussetzt, man von dieser aus durch die Lösung einer Reihe von quadratischen Gleichungen zu Wurzeln jeder beliebigen Gleichung gelangen kann. Es wird also in diesem Beweise weniger gegeben, als in den übrigen, aber gerade dadurch wird das Beweisbare von dem Unbeweisbaren scharf getrennt. Eine Vereinfachung des Beweises gab Herr *Gordan* in *Clebsch*, Math. Ann. X. 252.

Herr *L. Kronecker* hat den Grundgedanken dieses zweiten *Gauss*'schen Beweises in seinen »Grundzügen einer arithmetischen Theorie der algebraischen Grössen« § 13 klargelegt und weiter entwickelt. Und auch die neueren Anschauungen hinsichtlich der »Wurzelexistenz-Beweise« findet man in scharfsinniger Auffassung und Darstellung in dem Aufsatz »Ueber den Zahlbegriff« (Journal f. r. u. a. Math. Cl. S. 353 ff.) des Herrn *L. Kronecker*, dem diese mathematisch-philosophische Vertiefung zu verdanken ist.

Ueber die Bezeichnungen sei Folgendes bemerkt.

1. Unter »einfachen Factoren« (S. 69 ff.) versteht *Gauss* das, was heute als »lineare Factoren« bezeichnet wird.

2. Eine ganze Function $f(x, a, b, ...)$ ist durch eine andere ganze Function $\varphi(x, a, b, ...)$ »unbestimmt« theilbar (S. 54, 55) bedeutet, dass die Theilbarkeit stattfindet, wenn man unter $x, a, b, ...$ unbestimmte Grössen versteht.

3. Der Ausdruck »k ist unbestimmt eine ungerade Zahl« (S. 59) bedeutet, dass jede beliebige etwa vorkommende ungerade Zahl, ohne Ansehung ihrer besonderen Grösse, durch k bezeichnet werden soll.

4. Der Ausdruck »Determinante der n Grössen $x', x'', ...$« welchen *Gauss* (S. 42) einführt, ist im heutigen Sprachgebrauche allgemein durch »Discriminante« ersetzt worden.

5. Die von *Fourier* stammende Bezeichnung der Grenzen bestimmter einfacher od. mehrfacher Integrale hat *Gauss* nie benutzt.

Giessen, 1. Februar 1890.

E. Netto.

OSTWALD'S KLASSIKER. 14.

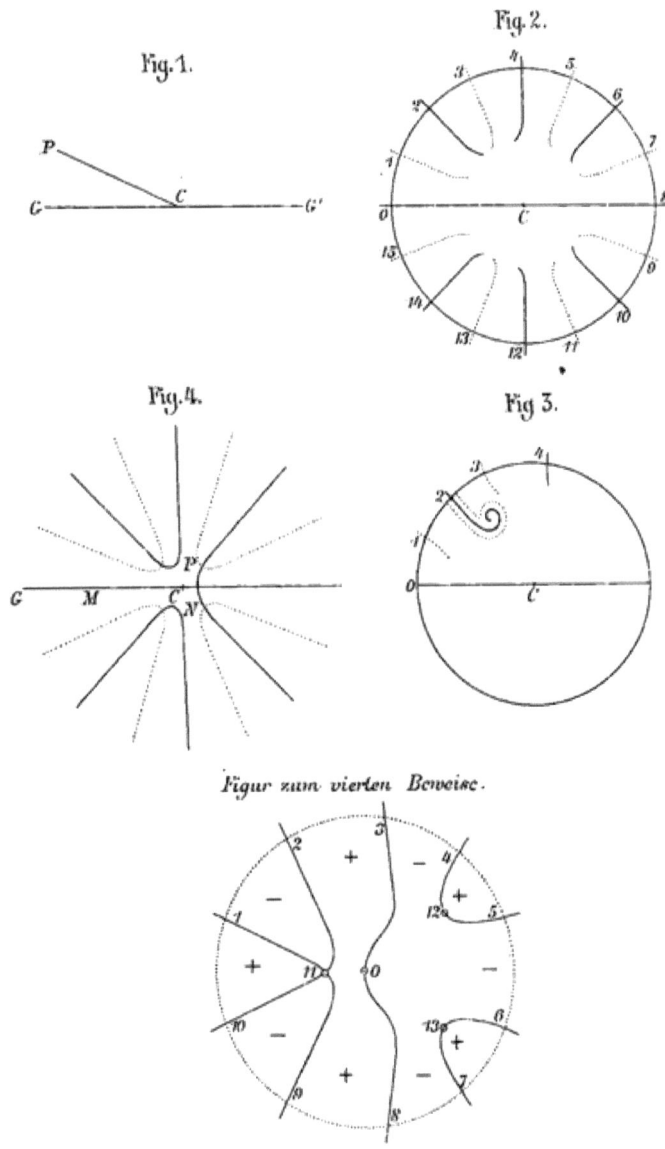

Nr. 12. **I. Kant,** Theorie d. Himmels. (1755.) Herausg. v. H. Ebert. (101 S.) ℳ 1.50.
» 13. **Coulomb,** 4 Abhandlgen über d. Elektricität u. d. Magnetismus. (1785-1786.) Übers. u. herausg. v. W. König. Mit 14 Textf. (88 S.) ℳ 1.80.
» 14. **C. F. Gauss,** D. 4 Beweise d. Zerlegung ganzer algebr. Functionen etc. (1799—1849.) Herausg. v. E. Netto. (81 S.) ℳ 1.50.
» 15. **Théod. de Saussure,** Chem. Untersuch. üb. d. Vegetation. (1804.) 1. Hälfte. Mit 1 Taf. Übers. v. A. Wieler. 96 S.) ℳ 1.80.
» 16. —— —— 2. Hälfte. Übers. v. A. Wieler. (113 S.) ℳ 1.80.

In Vorbereitung befinden sich:

» 17. **Bravais,** Abhandlgen üb. symmetr. Polyeder. (1849.) Übers. u. in Gemeinschaft mit P. Groth herausg. von C. u. E. Blasius.
» 18. **C. Ludwig,** Neue Versuche üb. d. Beihilfe d. Nerven zur Speichelabsonderung. Mit 2 Taf. — **E. Becher** u. **C. Ludwig,** Mitthlg. e. Gesetzes, w. d. chem. Zusammensetzg. d. Unterkiefer-Speichels b. Hunde bestimmt. — **C. Rahn,** Unters. üb. Wurzeln u. Bahnen etc. Herausg. von M. v. Frey.
» 19. **Laplace, Jvory, Gauss,** Abhandlgen üb. d. Anziehung homogener Ellipsoide. (1782—1812). Herausg. von A. Wangerin.
» 20. **Huyghens,** Abhandlung üb. d. Licht. Herausg. von E. Lommel.
» 21. **Liebig** u. **Wöhler,** Untersuchungen üb. d. Radikal d. Benzoesäure.
» 22. **Liebig,** Üb. d. Constitution d. organischen Säuren.
» 23. **Hittorf,** Über d. Wanderung der Jonen bei der Elektrolyse.
» 24. **Lavoisier** u. **Laplace,** Über die Wärme.

Wilhelm Engelmann.